La *Herencia*
de Los Longoria

T0099867

La *Herencia* de Los Longoria

Cabohe

Order this book online at www.trafford.com
or email orders@trafford.com

Most Trafford titles are also available at major online book retailers.

Printed in the United States of America.

ISBN: 978-1-4269-6988-1 (sc)
ISBN: 978-1-4269-6989-8 (hc)

Library of Congress Control Number: 2011907870

Trafford rev.05/02/2012

 www.trafford.com

North America & International
toll-free: 1 888 232 4444 (USA & Canada)
phone: 250 383 6864 ♦ fax: 812 355 4082

INDICE

"… que hay algunos que se cansan en saber y averiguar cosas que una vez sabidas y averiguadas no importan un ardite al entendimiento ni a la memoria…"

Cervantes. Don Quijote. 2ª. Parte Cap. XXII

ADVERTENCIA

El Lector de este Libro, que ha sido concebido primordialmente para tratar de aclarar, enmendar o rectificar en lo posible los despropósitos y yerros involuntarios en que incurrió el Autor cuando sacó a luz su anterior que denominó *"Ay Felipe V... ¡Cómo me Traes!..."* y mismo que, aunque le salió algo cucho, por ser el único hasta ahora estima con 'amor de cuervito' como corresponde a todo buen padre para con sus retoños, habrá de poner a prueba su paciencia y dispensarle al mismo las digresiones en que incurre, pues, aferrado como está a que éste rebase por lo menos las doscientas páginas para que el Título y su seudónimo se puedan imprimir con letras más o menos grandecitas en el lomo y no pase tan desapercibido en el lugar al que de todas maneras se le ha de confinar y obviamente desoyendo el consejo aquel que dice que *'Lo Bueno, si Breve, Dos Veces Bueno'* pero aún así confiado en que su lectura sea de interés tanto de los miembros de su círculo familiar y de sus amistades de su natural entorno norestense como de los integrantes de la que considera esa su otra *familia*, los distribuidores de Pinturas DuPont y empleados y funcionarios de la Compañía con quienes ha convivido por décadas y que gracias a esa circunstancia le ha sido permitido enriquecer su ánimo con la cosecha de diversas amistades a lo largo y ancho del territorio nacional de las cuales se siente tan orgulloso como agradecido, amenizando de paso su tránsito por este Planeta con variadas vivencias; bagaje que está convencido de que al fin y al cabo será lo único que le acompañe en el ineludible viaje final. Así, con la certeza de que a toda autobiografía no le faltan sus tintes de ficción y a toda ficción su propia dotación de reminiscencias autobiográficas, echa como luego dicen 'el gato a retozar' para incluir otros cuentos, vengan o nó al caso, de forma que el lector habrá de saltarse alternativamente unas u otras partes que no sean de su interés, aunque todas hayan sido escritas con la mejor intención de agradarle.

El Título tentativo en un principio era *'El Investigador Sin Maestro'* en tan sólo burdo remedo para reflejar su actual condición en nostálgico recuerdo de aquellos *Métodos* que antaño, con candorosa ilusión, leía ávidamente, tales como 'El Declamador Sin Maestro', 'Guitarra Sin Maestro', 'El Acordeón Sin Maestro', etc. etc. esperando que su sola lectura obrara milagros y que lógicamente no lo pudieron convertir ni en declamador, ni en guitarrista ni mucho menos en acordeonista, dada su natural falta de tesón para esos menesteres amén de lo sabido de que *'Lo que no te da Natura, Salamanca no procura'*

Y como en forma similar, en su carácter de Distribuidor DuPont aunque se ha visto apoyado por diversos cursos, conferencias, juntas de trabajo, convenciones, pláticas motivacionales, diplomados, etc. enfocados a mejorar su precaria condición de comerciante empírico, que si bien reconoce en algo lo han cambiado para bien como persona y como comerciante, no deja de lado sus atávicas convicciones, reconociendo sus propias limitaciones y complejos con naturalidad desde que supo del dicho aquel de los antiguos romanos de que *'el Hado* (el Destino) *conduce a los que lo aceptan, pero arrastra a los que lo rechazan'* y en fin de que la Rueda de la Fortuna gira para todos; que *'uno corre tras la liebre y otro sin correr la alcanza'*; que *'el que nace barrigón, aunque lo fajen de chico'* y para no salirnos del ramo que simplemente *'hay maderas que no agarran el barniz',* por lo que al final de sus andanzas nada raro será que el *'Distribui-nvestiga-dor Sin Maestro'* termine por no ser ni lo uno ni lo otro sino todo lo contrario, como dijo aquel.

Pero el caso es que, obcecado como estaba en desentrañar su genealogía familiar, así fuera a troche y moche como tantos otros asuntos en los que sin querer o queriendo se ha involucrado en la vida, con paciencia y pertinacia, con datos recabados aquí y allá durante algo más de una década, acuciado por una hasta entonces para él desconocida curiosidad, que se fue incrementando entre más avances hacía, ha logrado hacer acopio de datos que en algo le facilitaron la tarea para su propósito y aquí los pone a la consideración del Lector.

El Autor.

PRIMERA PARTE

La *Herencia* de
Los Longoria

PROLOGO

-Pero, ¿sabes qué?, después te platico porque acabo de recibir una llamada en la que se me convoca a una junta en Reynosa.

-Y no me lo tomes a mal, pues si alguna vez dije que 'a falta de dólares, buenos son blasones', nunca he negado y menos olvidado que 'a nadie le amarga un dólar'

Fueron los dos últimos párrafos de mi libro ya mencionado, mediante el cual *platicaba* con Felipe V. De haber sido cierto lo de su paternidad sobre nuestro antepasado el Capitán Juan Diego Longoria y Flores Valdés, mucho tendría que *comunicarle* ahora.

Pero no fué así.

Después de escudriñar la vida del francesito, nieto del Rey Sol, que a sus 17 años en 1700 ocupó el trono de España no sin antes tener que vérselas con sus adversarios, en cuanto libro que de él hablara se topaba un hermano mío, con residencia en ese entonces en Sevilla y que, tan intrigado como yo al respecto, me los hacía llegar, quedé peor que antes.

Así, pude saber de su vida y milagros (que por cierto no hizo ni uno). A Felipe V, que si bien tenía un apetito sexual digamos voraz y que como luego dicen *'ya encarrerado el ratón, 'chifle a su 'máuser' el gato',* exigía a sus esposas, primero a la saboyana y después a la Farnesio, el fiel cumplimiento de sus deberes de alcoba aún en las ocasiones en que se encontraban ellas postradas por enfermedad, jamás se le pudo relacionar con aventuritas extraconyugales. En esto debió haber influido sobremanera en el joven Felipe la estricta educación recibida de Fénelon, su célebre preceptor (Que le fue designado por su abuelo Luis XIV, mismo que según los cineastas norteamericanos en su juventud tuvo un extraordinario parecido con Leonardo DiCaprio).

Hasta podríamos decir que, en ese aspecto, con la Farnesio, tan golosa como él, encontró Felipito la horma *(¿la hormona?)* de su zapato, pues como bombera, ella era capaz de sofocar fácilmente grandes incendios cuantimás méndigas lumbritas y aún se daba maña para explotar esa su *literal* habilidad para influir en los asuntos de gobierno y posicionar bien a sus favoritos.

Como quien dice, dejaba a Pipe sin parque para ir de caza.

Y a mí, más destanteado que un perro en el periférico al no poder encontrar el vínculo con nuestro Juan Diego (Longoria, desde luego).

Pero el azar, por ésta vez, algún tiempo después, jugó a mi favor. (Reconozco que le debo una, aunque por ahí quede pendientito el hecho de hacerse pato cuando lo he buscado repetidas veces en Las Vegas, en Atlantic City o de perdido en el Pro-Gol o en el Melate y la Lotería Nacional o el Sorteo del Tec. ¡Que ni se crea que nomás con esto me tiene muy contento!).

En mi condición de Distribuidor de Pinturas DuPont en esta Plaza, quizá invitado más por la cortesía de los organizadores del evento que merecerlo por mis logros como tal pues fuimos contados los asistentes, una noche me encontré en el Museo Marco de esta Ciudad para presenciar en ese recinto, con el boato similar al de un Desfile de Modas en Milán, París o Nueva York, la impactante presentación a clientes distinguidos del sistema de vanguardia en tecnología para el repintado de automóviles denominado ChromaPremier de DuPont y de su *slogan* "La Clase se Firma con ChromaPremier".

Mientras hacíamos tiempo para que se nos permitiera el acceso al salón del evento, algunos permanecimos en la Recepción. Hubo quien se hizo de *souvenirs* alusivos al Museo. Otros sólo curioseábamos.

Fue entonces cuando en una de las vitrinas vislumbré un volumen bastante grueso y pedí que se me mostrara.

Era el Azar. Esta vez en forma de Libro.

> EL NUEVO REINO DE LEON
> Y MONTERREY
> A través de 3000 documentos
> (en síntesis)
> del Ramo Civil del Archivo Municipal
> de la ciudad.
> 1598-1705
> ISRAEL CAVAZOS GARZA

Darle una ligera hojeada y encontrar en el índice el apellido Longoria, me convenció de comprarlo.

La ceremonia fue bastante lucida, pero ya mi mente se encontraba en otro lado.

Con el libro en las manos, lo primero que se me ocurrió, una vez descartado desde hacía tiempo el Plan A (que incluía en el reparto al remiso de Felipe V, por esta vez el 'bueno-para-nada') fue echar a andar el Plan B, que consistía en tratar de dilucidar con datos fehacientes y de ser posible asentados en los archivos de nuestra región norestense la procedencia de nuestro Juan Diego (Longoria, pues) y de sus antecesores y correlativos.

Con el recabar de un dato aquí, otro inesperado allá, (como el de que, si bien Felipito salía por la puerta trasera, más de dos siglos antes había hecho su entrada sigilosa en el relato otro personaje de similar calibre, éste sí nada remiso sino por el contrario lapso y relapso, Fernando V) me fue despertando tanta golosina que aún quisiera redondear más el asunto pero el Padre Cronos como que me apura si es que no quiero dejar las cosas a medias y que mis únicos interlocutores sean la mayoría de los protagonistas que se mencionan y no precisamente en *el Más Acá.*

Aún no estoy convencido de haberlo logrado cabalmente pues subsisten dos que tres pequeñas dudas que a su tiempo se exponen, pero que fácilmente se explican si nos auxiliamos del sentido común.

La historia vá así:

LA ILUSION

Para Agosto 1989, cuando el Autor deambulaba por París, tratando de combinar la diversión con el conocer lo más posible de la Ciudad Lux -engalanada a la sazón con motivo de los festejos del bicentenario de la Revolución Francesa- y de paso paliar un poco la machacante idea de investigar sobre la vida de Felipe V y descubrir el vínculo de su supuesta paternidad sobre nuestro antepasado el Capitán Juan Diego Longoria y Flores Valdés -que según las iniciadoras de nuestro *movimiento* se basó en documentos que se encontraban en Austin, Texas-, ya la noticia se había desparramado. Incluso llegó a la Ciudad de México, en donde se le dio el trato festivo y cáustico que casos como ese suscitan, según vemos en el siguiente cartón:.

Y hay que reconocer que en gran parte tenían razón.

Sin embargo nosotros, o algunos de nosotros, tercamente empecinados en que nos asistía la razón, esperanzados, estábamos al tanto de cuanta junta de los ¨*Longoria Heirs*¨ se efectuaba y no perdíamos la ocasión de asistir.

Así, primero estuvimos en Reynosa, Tamaulipas, en una reunión de la que lo único rescatable fue el haber tenido el gustazo de saludar a algunos parientes cercanos que tienen su residencia en *el otro lado,*(por cierto que no muy lejos de las tierras que pertenecieron a nuestros antepasados, según veremos luego) y a quienes por lustros no habíamos visto. Al igual que a nosotros, el gusanito de la curiosidad les llevó allí aprovechando la cercanía. Entre bromas y veras, estoy seguro que internamente cada quien le prendíamos su veladorcita al santo de nuestra devoción, por si las dudas.

Antes de eso, yo había estado en Weslaco, o Pharr, o Donna, (algún pueblito de estos en el sur de Tejas, extenso territorio que, ahora lo sé y lo consigno como dato curioso, durante un corto tiempo en el Siglo 18 hubo quienes le acomodaron el bonito nombre de Provincia de las Nuevas Filipinas) para entrevistarme con el que en ese lugar- no recuerdo bien cual de los tres pueblos pues en el trayecto de encontrarle nos dimos una extraviada bruta- era el abanderado del *movimiento*, un señor de apellido Alanís y, para coordinar esfuerzos, entregarle un grueso fajo de copias de actas de nacimiento, matrimonio y defunción de familiares que representaban sólo unas cuantas ramitas de nuestro frondoso árbol genealógico, recolectadas con paciencia por una Prima hermana de Montemorelos.

Entre los documentos de que fui portador en esa ocasión, por pura curiosidad ya que en nuestro caso no es ascendiente directo sino hermano de Ramona Ramos Alanís que sí lo fué, aparte de la copia certificada del acta de bautizo en la Iglesia Parroquial de lo que ahora es China, N. L. de fecha 10 de Febrero de 1833, habiendo nacido un día antes, de José Pedro Ramos Alanís, pude conocer el autógrafo y no precisamente dedicado a un admirador sino como aval por parte de su sobrino (en nuestro caso, bisabuelo) Pedro González Ramos (Papá Pedrito) en un Pagaré timbrado que firmó un señor Dávila.

Aquí está, nomás por mostrar que analfabeta no era...(1901)

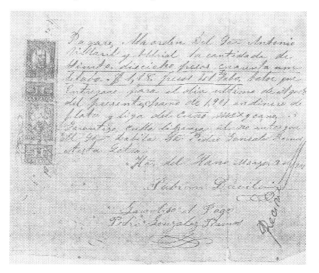

En descargo de esas ilusiones desatadas por un arrebatado entusiasmo, debemos reiterar que todo este embrollo se originó en 1986, cuando tuvimos las primeras noticias de que *nos andaban buscando* porque éramos herederos, versión que, aunque al principio lo tomamos a broma, con el paso del tiempo fué cobrando ciertos tintes de verosimilitud e involucrando cada vez a más encuerados que no disimulaban su entusiasmo cuando llegaban a nuestras manos documentos y publicaciones al respecto, como la copia de esta carta dirigida a una *Longoria heir* en Corpus Christi por una compañía petrolera que explota el subsuelo de las tierras en disputa y que aquí inserto, borrando el nombre de la susodicha por aquello del no te entumas.

En esa carta, si Bush y yo colegimos lo mismo del idioma del llamado Cisne de Avon (el ídolo de Chespirito), la Compañía Petrolera SUN contestaba a quien le inquirió al respecto que

'...damos por recibida su pregunta concerniente a la existencia de una cuenta en fideicomiso por parte de SUN para los herederos Longoria...

Ahora mismo estamos revisando nuestros registros pertenecientes a las Porciones 93, 94 y 95. Hasta no completar nuestra investigación estaremos en condiciones de responderle...

Gracias por su paciencia en este asunto...'

Me imagino que para éstas fechas aún no terminan con su investigación pero sí desde hace mucho con la paciencia de su corresponsal.

(Las 'porciones' de referencia, originalmente fueron asignadas la 95 a un señor Quintanilla, la 94 a Pedro Longoria y la 93 a Vicente y Mathías Longoria).

Un descendiente de éste último, por su parte, emprendió su cruzada personal pero en contra del gobierno, ahora en manos de Baby Bush, según se desprende de la siguiente nota aparecida en el periódico El Norte de esta Ciudad con fecha 18 de Mayo de 1990, aunque aportando datos un tanto exageraditos en cuanto a la extensión de las tierras de referencia. .

Echémosle un vistazo.

El subtítulo de la nota tiene un pequeñito error de imprenta. Donde dice 1,300 dólares debe decir 1,300 millones de Dólares.

Y de haberla leído con más atención, nos hubiéramos dado cuenta de que no tenía desperdicio el penúltimo parrafito que dice 'algunas personas fueron estafadas, etc. ...'

EL COMIENZO DEL DESENGAÑO

En domingo 21 de Octubre de 1990, cuando todavía andábamos en órbita y nos duraba gran parte del impulso inicial del cohete propulsor, efectuamos otra reunión de los *Longoria Heirs* para conocer de los avances en la cuestión de la *herencia*.

Esta vez no fue necesario viajar a otra Ciudad. Ni siquiera a otro lugar dentro de Monterrey. Se llevó a cabo precisamente en la parte alta de mi local de pinturas acondicionado para el efecto como sede de la reunión.

Meses antes nos habíamos enterado de que el despacho de abogados en Austin que llevaría nuestro caso, en caso de aceptarlo, había fijado como fecha límite para decidir en pro o en contra el primero de Agosto de aquel año.

La nutrida concurrencia, de la que quedaron algunas imágenes en el periódico El Norte al día siguiente, hubo de aceptar con desilusión el hecho de que el abogado estadounidense rechazaba el caso por considerarlo inviable y devolvió, como se había comprometido dado el caso, toda la papelería que se le había proporcionado para su estudio. 21 gruesos "libros" conteniendo constancias de actas de nacimiento, de defunción, de matrimonio, etc. de los presuntos *herederos* reunidas a lo largo de por lo menos un lustro.

Aunque no faltaron los comentarios de que tal vez las partes contrarias (léase Tío Sam) lo habrían presionado, lo cierto es que la mayoría lo menos que le reconocimos al abogado fue su honestidad y su disposición para tratar el caso.

Desinflado el globo, no nos quedó otra más que resignarnos y despedirnos con frases como

_ *",,,yo siempre dudé de que fuera cierto…"*
_ *"…lo bueno es que nos conocimos…"*
_ *"…a ver cuándo nos juntamos…"*
_ *"…Chíin… ni la vuelta…"*

Con la promesa de las dirigentes de continuar con el empeño, y buscar otro abogado más entrón, terminó la descorazonadora reunión. Desde entonces ese domingo lo recuerdo como "La mañana de las caritas largas".
(y, por ahí, debo tenerlo grabado en video).

El día siguiente en El Norte, apareció esta nota con ciertos tufillos de epitafio para la intención, más endeble que autoridad en broncas con los de Atenco, de uno que otro de los pseudo-herederos de fundar una asociación:

A OTRA COSA, MARIPOSA

Eso que se dice de ese recurso no renovable, del que disponemos a nuestro arbitrio y al que a veces, nomás por lo humanos que somos le damos tan desconsiderado y frívolo uso, que es el Tiempo, cura todos los males, es muy cierto (siempre y cuando, como diría Renato Leduc, "le demos tiempo al Tiempo").

La cosa es que una vez roto el cascarón en que se incubó nuestra ilusión de aquella utópica *petro-herencia* texana que prometía cristalizarnos a la facilona, así nomás porque sí, el máximo sueño de todo mexicano (*y a los de cualquiera otra parte del mundo, porque ¿a poco nomás nosotros?*) de vivir sin trabajar y que tantas horas-hombre u horas-mujer y a veces hasta "horas-huerco" (para estar a tono con nuestro hablar norestense) nos consumió en trámites, juntas, viajes, reuniones, etc. en su persecución y para colmo sin haber calificado siquiera para algo así como eso del ISO-9000 que ahora se estila en toda organización que se respete, poco fue el que transcurrió para dejar todo eso a un lado porque al final de cuentas el huevito salió huero.

Otras ilusiones ocupaban mi cotidianidad, aparte de atender los asuntos propios del negocio que durante lustros me ha procurado "la del perro" y un cierto bien pasar económico, me daba tiempo para probar fortuna en otras actividades. Hasta podríamos decir que era el tiempo de las vacas gordas, pues en ese entonces me daba el lujo de distraer recursos (ya sabemos los graves trastornos que le suele ocasionar a la sesera un simple cerito de más en el saldo de la chequera) para jugar como niño-adulto dándole gusto a mis genes de campesino, al citricultor de fin de semana con una huerta de naranjos en El Frayle, misma que con cuidados mil entre helada, poda y rastreo y helada, rastreo y otra poda, (por no utilizar otro vocablo consonante) a veces me reponía con sus frutos un cinco por ciento de lo que le invertía.

Al agricultor que entre cosecha y cosecha de maíz, disfrutaba de unas cuantas docenas de elotes que haciendo un balance costo/beneficio me venían saliendo a algo así como 800 o 900 pesos cada uno (sin contar la mano de obra, los gastos de promoción, administración, viáticos, etc.) y creo que me quedo corto y por ello los disfrutaba tanto.

Al, con el ánimo de aquel que lo único que busca es poner una tacha más en su "Lista de Cosas que me gustaría Hacer", despreocupado ganadero *naylon* en rancho ajeno (imaginando uno propio al cual motejé *"El Calmado"* por dizque colindar –y en contraposición- con uno verdadero de nombre *"El Rebelde"*) adjudicándoles exagerados números de registro a partir del mil y nombres estrambóticos a cada una de "mis" reses en el herradero para que después, con el correr del tiempo, una vez abandonado aquel anhelo como tantas otras iniciativas que son atacadas con entusiasmo, soportadas un tiempo por obligación para al final ser abandonadas por hastío y dejadez (para comenzar otro ciclo enfocando la atención en un tractor agrícola como nuevo juguetito) y que se me rodaran lagrimitas entre de nostalgia e hilaridad contenida por el hecho de reconocer el haber arrinconado al sentido común por un buen espacio entrándole frívolamente a un juego del que no tenía la más mínima idea de las reglas y que por lo tanto era natural de esperarse que terminara con un lógico resultado adverso -olvidando el sabio refrán de "zapatero, a tus zapatos" pero aceptando a la vez la íntima convicción, dándome por bien servido con un *"lo bailado, quién me lo quita"*, de que si no lo hubiera intentado y dada mi condición de optimista contumaz y a ultranza (a pesar de los reiterados desdenes recibidos de la diosa Fortuna que por cierto no duda en demostrarme en todas las formas posibles que para nada me cuenta entre sus galanes preferidos pero de los que olímpicamente no me doy por enterado a la manera de aquellos ilusos enamorados de la casquivana corista en las películas de la época de Joaquín Pardavé que, en macolla, para hacer más llevadero el dicho aquel de que mal de muchos, consuelo de tontos, no dudaban en seguirle enviando flores y asediarle con inútiles requiebros y costosos regalos ya en su camerino, ya en la puerta de salida del Teatro, insisto tozudamente en conquistarle o de perdido robarle un guiño o morir en el intento, lo que a todas luces, según han ido las cosas, será lo más seguro) aún ahora estuviera con la tentación y reprochándomelo- lagrimitas por cierto que hacían que me cayera el saco de aquella canción que cantaba Tello Mantecón en el programa de Rómulo Lozano *"Mira qué Bonito"* en el Canal 12 y que decía *"yo tenía diez perritos y uno se murió en la nieve, ya nomás me quedan nueve; de los nueve que tenía uno se tragó un bizcocho, ya nomás me quedan ocho, etc. etc…"* y que como colofón, como una especie de premio de consolación de aquella pecuaria aventurita, dilapidara, muy a tono con el aserto filosófico de Toni Aguilar en una de sus canciones que dice *"ya muerto voy a llevaaarme… nomás un puño de tierraaaa.."* el exiguo remanente de lo invertido en mi primer viaje a Las Vegas.

En donde sólo se nos permite jugar a los adultos.

Para que nos divertamos como niños.

EL EMPRENDEDOR

Ahora está de moda. Es más, hay hasta Diplomados al respecto en instituciones educativas de prestigio y a un costo no muy accesible que digamos. Todo para despertar en quien asista a esos cursos el Espíritu Emprendedor. (Por lo pronto a quien se le ocurrió impartir esa materia de manera digamos sistemática y cobrar por ello, es la mejor prueba de lo redituable que es tener un Espíritu Emprendedor. Y tener éxito. Basta con ver las costosas inserciones en el periódico promoviendo esos Cursos para concluir que todavía hay mucha tela de donde cortar. O sea, muchos 'espíritus emprendedores' dormidos). Faltaría nada más que con el diploma le extendieran a cada cual una garantía de éxito en la empresa que elijan acometer o la devolución de su dinero.

No dudo que esos cursos sean de utilidad, sobre todo para aquellos que sientan o crean necesitarlos, pero como durante buena parte de mi, digamos, etapa productiva, dichos cursos no estaban a disposición, hube de seguir dócilmente los devaneos de mi siempre vigilante espíritu emprendedor. (Aunque a veces piense que una que otra siestecita no le hubiera caído mal).

Bueno es aclarar aquí que para esos menesteres, que no rara vez merecen el calificativo de 'ocurrencias' por no decir dislates, no me siento para nada sólo. Debe ser de familia porque, nomás por poner un ejemplo, un mi primo hermano, con quien, por haber convivido largos lapsos durante nuestra niñez parece ser que la escuela de la vida nos señaló desde entonces similares suigéneris cartabones de conducta, porque él, como luego dicen *me dá el quince y las malas*. Si bien la suerte nos fijó distintos derroteros.

El, que tuvo más oportunidad –o fue más tenaz- para prepararse, optó primero por estudiar Medicina y probablemente le dio asco la (el) pus y no se sintió ni con la vocación ni el estómago adecuado para desempeñar con acierto y decoro esa profesión. Cambió su objetivo por el de la abogacía, ejercicio que también tiene obligado contacto directo con otra clase de podredumbre: la de la sociedad. Pero ya sabemos que los humores desprendidos de la descomposición de ese 'cuerpo' son imperceptibles y a veces hasta nos parecen perfumados.

Le resultó tan polifacético su espíritu emprendedor que el día que se decida pormenorizar su currículum creo que le van a faltar hojas. Ha sido (que yo sepa): Abogado, Maestro, Jefe de Policía, comerciante, agricultor, ganadero, ranchero a secas, citricultor, político, vendedor de autos, promotor de desarrollos de predios campestres, etc. Lo curioso es que en ninguna de esas actividades –por lo regular ejerciéndolas simultáneamente, pues se da tiempo para todo- lo ve uno fuera de lugar. Como político, sería el mejor ejemplo del 'todólogo'. Y, lo que más se le admira, teniendo de por sí asegurada su pitanza y la de los suyos de por vida con envidiable cargo que en tiempos pasados se denominaba escribano, que le justificaría sobradamente el tirarse a la bartola, no duda en incursionar en el negocio de la elaboración de botanas, venta de yerbas medicinales y lo que se ofrezca. El colmo: como fondero. Porque no se le puede llamar restaurant al localito que alguna vez abrió en una de las zonas deprimidas del área metropolitana, más que nada intuyo que para su diversión y para darle salida a sus reprimidas pretensiones de *chef cordon bleu*' preparando sofisticados platillos como chorizo con huevo, machacado a la mexicana, hígado encebollado, cortadillo norteño y la especialidad de la casa: caldo de res y frijoles refritos. De ser necesario, servidos a la mesa por él mismo con un bien imitado dejo de mariconería para estar a tono con el oficio. Y, no me lo crean, pero el negocito era rentable.

(En su calidad de presidente de cierto patronato cívico, alguna vez me invitó de testigo a la ceremonia que organizó para regularizar con una boda colectiva la situación de una veintena de parejas que hasta entonces vivían en concubinato en su –nuestro- General Terán)

Y ni modo de decir que sólo le falta enseñar a hablar pericos porque es, o era, uno de sus 'hobbies' que practicaba con un matusalénico pajarraco en la casa solariega de El Llano.

¿Despertar el Espíritu Emprendedor?

Habrá algunos que quizá ¡habría que noquearlos!.

EL IMPASSE

Ya con lo de la *herencia* con su legajo especial del archivero de mi memoria en el departamento de anécdotas -entrandito, a mano izquierda-, allá muy esporádicamente escuchaba una vocecita interna que me reprochaba el abandonar, o dejar a medias, como tantas otras cosas como las anteriores experiencias que una vez conocidas o experimentadas pierden el encanto inicial, la búsqueda de la procedencia del Capitán Juan Diego Longoria y Flores Valdés.

Poco caso le hacía.

Después del chasco de lo de Felipe V, muy pocas esperanzas abrigaba de poder desentrañar el asunto pero, de vez en cuando, como entre queriendo y no, repasaba cuanto libro al respecto me topaba aún a sabiendas de que con seguridad los resultados serían negativos.

Aparte de los propios de mi negocio, no faltaban sucesos que distrajeran mi atención, tal como el asesinato de Colosio o atender las invitaciones de la Compañía DuPont a las exposiciones NACE en Las Vegas y/o Nueva Orleans para visitar el Centro de Convenciones y conocer los adelantos en equipos y materiales del ramo y saludar al multi-Campeón de la NASCAR Jeff Gordon su patrocinado y de paso aprovechar lo barato del dólar en ese entonces para darle una aplacadita a las ansias que a sus fieles seguidores nos suscita Birján en los casinos evitando a duras penas desbalancear mi presupuesto o presenciar espectáculos algo mafufos como aquella revista musical en la que todos los actores que participaban con vestimentas alusivas a la época del rock de los sesenta y lo hacían sobre patines, *(no de los normales que todos conocíamos antes de dos ejes con dos ruedas cuatas traseras y delanteras sino de esos que tienen cuatro o cinco rueditas en fila)* y se desplazaban veloz y temerariamente por el escenario y aún en los pasillos del área de butacas cantando y ejecutando sus extrañas coreografías. O asistir, como corderitos, a una cena de gala en un lujoso restaurante francés en la llamada Dixieland, atendida por capitanes y servida por meseros y galopines tan elegantes y apuestos y propios en su función que parecían sacados del reparto de una película de James Bond y que dio la sensación de que hicieron que las féminas comensales de pronto sintieran que la ropa interior les quedaba holgada y amenazaba desplazárseles a los tobillos y de paso arrancar más de un apagado suspiro de uno que otro varón de disimulada y dubitativamente hermética clasificación en el género. Como compensación, las "hostesses" o como se les diga a las preciosas muchachas que cortaban el aliento y que competían con ventaja como atractivo visual con aquellos galanes alegrando nuestra pupila y a las cuales un sentimiento inefable de temor de que se quebraran –y evitar un seguro pellizco de la media naranja- nos hacía no mirarlas muy detenidamente por un buen espacio llevándonos de vez en vez, ¡Oh, Lá, Lá…!! discretamente la servilleta a la boca para disimular el escurrimiento de baba.

Dicen que también los escogidos y raros platillos de aquella cena estuvieron muy ricos.

Todo esto, después de un interesante y "placentero" paseo por los pantanos o *bayous* a bordo de un "catamarán", al aire libre, en pleno Diciembre y con una temperatura de 5 grados bajo cero en busca de conocer los caimanes, lagartos o cocodrilos o lo que sean esos que por esos rumbos llaman *"alligators"* y que no vimos porque los pobres animalitos de mensos iban a salir a la superficie con ese clima.

VA DE NUEZ

No tengo por qué dudar de lo que aseveró alguna vez un cliente esporádico de mi negocio, de edad y experiencia asaz acumuladas, de que *"El tiempo es el mejor Maestro, lo malo es que tiene la fea costumbre de matar a sus discípulos. (Y por lo regular,* digo yo, *cuando éstos menos lo esperan)",* pero al menos a algunos de nosotros, Cronos, como mentor, no nos fue de mucho provecho o sería que no le pusimos la debida atención o no estábamos en el aula cuando dictó su clase de Prudencia o su conferencia sobre los Peligros de la Excesiva Confianza en el Prójimo o cuando abordó su plática magistral sobre la naturaleza de los diversos especimenes del Reino Animal en este Planeta en la cual recalcaba lo ya sabido (aparte de que los rinocerontes, para envidia de algunas otras especies y en especial de la nuestra pero en detrimento de la suya propia que está a punto de la extinción por la creencia generalizada entre los humanos de que su cuerno es el mayor afrodisíaco y para conseguirlo no se andan con chiquitas, por la observación de su manera de apareamiento a la que le dedican tan fervorosa como parsimoniosamente fácilmente más de una hora), de que el Hombre es el único animal que se tropieza dos veces con la misma piedra.

LOS HERRERAS

El caso es de que, ya estando en 1994, cuando un "lawyer" gringo de apellido al parecer Poinset y un su mancuerna, un "Investigador Privado" (del tipo de "Columbo" el de los programas de televisión que todos conocemos), acompañados de un señor de apellido López que al parecer había tomado o se arrogó el cargo de adalid de nuestro ya casi olvidado *petro-reclamo* se presentaron una noche en la televisión local y convocaron a los posibles interesados a una junta en Los Herreras, N. L. para tratar el tan trillado asunto el domingo siguiente, no pude menos que sacudir mi melena alborotada y sin más ni más, con un estentóreo *"síganme los buenos"* al estilo del *Chapulín Colorado,* convocar a quien quisiera acompañarme a la tierra de *El Piporro.*

Ya para cuando aquellos autonombrados "gambusinos o cazadores de herencia" (O de incautos. -lo que ocurra primero-) de profesión fueron entrevistados en la televisión, habían celebrado unos días antes una reunión previa en esta Ciudad, que inexplicablemente me pasó de noche y de la que me enteré por medio de la prensa escrita. Por cierto que en esa ocasión no faltó alguna que alzara la voz para advertir a los allí reunidos que se trataba de un fraude. Como la que protestó había formado parte estelar del movimiento que se echó a andar en el 86, era lógico que algunos lo tomaran como simples "celos profesionales" de quien veía invadida su función por alguien que se decía más capaz de llevar a buen término la cuestión.

El amplio salón del Club de Leones de aquella población fue casi insuficiente para dar cabida a tanto asistente aquel domingo por la mañana, de manera que no fue raro que viniera a mi memoria el comentario del tejanito aquel que en aquella primera Junta en El Llano le dijo a su acompañante viendo lo nutrido de la concurrencia: "sabes qué, primo, a como van las cosas no vamos a alcanzar ni de a *daime*"

Presidían la sesión, blandiendo papeles y más papeles mostrándoselos a la audiencia, el mencionado picapleitos y el émulo de Sherlock Holmes que no hablaban (o se abstuvieron de hacerlo en esa ocasión) ni pizca de español. Su secretaria, una diligente joven reynosense medio rollicita pero de buen ver y mejor tocar, se encargaba de la traducción simultánea para aquellos que nomás pelábamos los ojitos escuchando al gringo.

A grosso modo, el asunto se trataba de que firmásemos un contrato por sus servicios de manera independiente con su representada *Softline Services Inc.*, compañía con sede tipo *chapulín,* pues brincaba de una dirección a otra a causa de los más variados motivos, en el sur de Texas, cada cabeza de familia para hacerse cargo del caso. El costo de la inscripción eran ridículos 500 dólares que se podían pagar en abonos y prometía resolver de manera positiva en un corto plazo, pero para ello debíamos ir a Mission, Texas para formalizar el acuerdo y firmar los contratos redactados en Inglés y Español, mismos que serían ratificados ante una especie de notario (que en el otro lado los hay a pasto pues no faltan los que ejercen el cargo tipo prebenda en un pequeño establecimiento comercial y se desentienden de las ventas propias del negocio porque hacen su agosto, en esos casos en que ambos interesados se involucran en esos agradables eventos denominados de ganar-ganar, expidiendo "manifiestos" para reclamar al Estado de Texas la devolución de impuestos para compradores extranjeros provenientes de la franja fronteriza). Sus honorarios: una bicoca. Se estipulaban tan sólo 100 dólares la hora que ante la Corte destinara el *picabuches* para representarnos, de manera individual ante el Tío Sam en nuestra ausencia y muy fácil de estimar pues bastaba con preguntarle cuánto tiempo había invertido en nuestro caso y que, hasta eso, él se esperaría a cobrarlos cuando ganase el caso y llegara la liquidación final, desde luego respetándole su parte de un treinta y tantos por ciento o algo así de la indemnización bruta. Como quien dice una verdadera ganga. Y lo mejor de todo: En prueba manifiesta de sus buenas intenciones, ¡No pedía nada para sus viáticos... y ya ven Ustedes lo cara que es la vida en Austin!

MISSION/EDIMBURG/ McALLEN

Así pues, comenzaron nuestras romerías a esa región del sur de Texas (no tengo preciso en cual de las tres localidades texanas se ubicaba nuestro nuevo *santuario,* pues primero se nos dio una dirección al borde del Highway 83 y un teléfono en Mission al que, una vez estando allí por primera vez, llamamos para recibir instrucciones de cómo, utilizando caminos vecinales entre huertas de naranjos, tierras de labrantío, lotes baldíos y hasta un viejo panteón llegásemos hasta un su predio recién adquirido y en el cual apenas comenzaba a erigir la típica casa de madera que por allá se acostumbra en una área bastante extensa que fácilmente rebasaba las cinco o seis hectáreas, rústico, sin servicios, pero éstos a la mano a la vera del amplio camino de terracería, abierto sin duda por mentes previsoras en espera de un posible desplazamiento de la mancha urbana hacia esos contornos, que nos llevó hasta ahí y que por cierto lleva el nombre de *Palm Road* acorde con la fila de palmeras espaciadas una de otra cosa de 60 metros y cuya hilera se perdía en el horizonte, obra de algún urbanista o tal vez de un preocupado terrateniente del pasado por mejorar el paisaje de una tierra de por sí feraz).

La vista de aquellas enhiestas palmas trajo a mi memoria la bronca en que se metieron las autoridades en el 86 cuando en aras del progreso le dieron en la torre a las añosas palmeras de la calzada

Madero de Monterrey contra la opinión de la mayoría de la población. Por esos años el "editor" de uno de esos periódicos que nadie lee o toma en serio -de los que llaman *muy religiosos porque salen cuando Dios quiere* y que afortunadamente parece que ya pasaron a la historia- pero que a quien lo ponía en circulación le servían lo mismo para obtener dádivas o prebendas de este o aquel funcionario objeto de gratuitas loas como de $upino conducto de bajunos ataques entre adversarios políticos de poca monta o para la exacción a diversos *anunciantes* que pagaban con la inserción de publicidad de sus negocios una especie de disimulo no muy alejado del espíritu de aquellos vendedores de protección del Chicago de los años 20, informado casualmente de mi afición al meneo de pluma, me pidió que colaborara con algún escrito que de alguna forma disimulara su falta de imaginación para confeccionarlo al tener que recurrir al constante refriteo de noticias de otras fuentes escritas.

Su extrema necesidad de apoyo para sus menesteres de "editor" me quedó muy clara cuando me planteó la cuestión por primera vez al preguntarle si acaso su publicación era, por lo menos, hebdomadaria. El carraspeó un poco y me dijo, muy digno, eso sí, que su línea de periodismo era otra, que estaba enfocada principalmente al quehacer político regional norestense y que, como toda persona civilizada respetaba las inclinaciones sexuales de cada quien y que no tenía nada en contra de la comunidad gay pero que, dado el caso y habiendo de por medio posibilidades de un aumento sustancioso en el volumen de la circulación y obligado por su posición de algo así como un *Cid Campeador* luchando por la reivindicación de los desprotegidos y portavoz de aquellos que no la tienen, su mente estaba abierta ante esa o cualquiera otra posibilidad pues "todo en esta vida es negociable".

Demás está decir que, nomás por darle gusto a mi Remington le atiborré los espacios de las dos o tres páginas interiores de aquel cuasilibelo de seis con temas tan diversos como lo urgente que resultaba en ese entonces la tecnificación del campo para sacarle de su atraso, la necesidad de apoyo por parte del gobierno a las pequeñas y medianas empresas, la marcha en el campeonato de los Rayados, la bienvenida a los participantes del mundial de futbol, la necesidad de congruencia en los dirigentes y managers de las ligas pequeñas de beisbol que magullan a nuestros chamacos como aguacates para que maduren prematuramente en busca de triunfos inmediatos dejando de lado el verdadero espíritu de la práctica del deporte *per se,* etc. etc. y como estaba de moda el asunto de las palmeras esto fue algo de lo que se publicó:

Caí de su gracia cuando, haciéndole caso a esa vocecita interior que me acompaña siempre alerta y que en casos como ese me previene -como diciéndome no seas 'indejo- para evitarme el agrio transitar de la alegría de sentirme útil a la rabia de saberme "utilizado", por ética me negué rotundamente para escribir un artículo difamatorio en contra de cierto funcionario de no recuerdo qué alcaldía norestense de la región rural a quien ni siquiera conocía y que debía hacerlo "con esa picardía que Usted le pone a sus escritos".

No pasó mucho tiempo para que agradeciera al Cielo el hecho de haber rechazado sus constantes ofrecimientos de extenderme una credencial como "reportero" o aún de "Sub-Director" de su panfleto y la previsión tomada de utilizar en todos mis escritos el seudónimo que me inventé –no sin tener que luchar en profundas cavilaciones en aquellas rutilantes y apacibles noches Cordobesas en poco menos de una semana con el disparatado propósito que no viene al caso mencionar pero que nomás de recordarlo me gana la risa- durante mi época verde olivo, aduciendo, como era la verdad, que lo hacía sólo por hobby.

Un exceso de su parte en el degustar de las mieles del llamado "cuarto poder" al considerarse impune por su condición de "periodista" para que le pasaran por alto ciertas trapacerías relacionadas con el uso y trafique de vehículos de dudosa procedencia le llevaron a él y a tres o cuatro de sus "colaboradores" a disfrutar de unas no programadas vacaciones a la sombra, inauguradas con una fotografía en un tabloide a plana entera y a todo color en la Sección Policíaca de la prensa local en un reportaje que sarcásticamente se tituló "DAN CONFERENCIA DE PRENSA EN LA JUDICIAL".

Así, de sopetón, terminó mi fugaz como tan promisoria aunque empírica, carrera de editorialista, analista, reportero, comentarista y cronista deportivo quedando en el tintero las recomendaciones de las bondades del consumo a edad temprana -para procurarle a nuestro organismo suficientes defensas contra diversas enfermedades, desde luego sin bases científicas en qué apoyarme, pero pues, quién lo iba a refutar- de maguacatas, anacuas, granjenos, mezquites, nísperos, moras, caña de azúcar, naranjas, mandarinas, limas, pomelas, nueces, aguacates, granadas, duraznos, tunas, etc. y de la apropiada ingesta del atole de pinole con hojitas de naranjo y el jocoque al atardecer.

Lo bueno es que, como siempre, ya concluido otro jugoso y $alpicante ciclo de derribar/remodelar/plantar, de nueva cuenta tenemos Palmeras en la Calzada.

Palm Road. Entronque/camino que muy pronto se nos hizo familiar. Como conocida desde su basamento la historia de aquella construcción que con nuestras primeras aportaciones estoy seguro se fue haciendo el proyecto realidad y de la cual, quincenal o mensualmente, cuando entre tablones, montones de mosaicos destinados para el piso, hojas de tabla-roca, botes de pintura, etc, fuimos testigos de su constante avance hasta culminar en una vistosa residencia con cochera triple que albergaba lujosos autos de marcas europeas.

Hubo quienes pagamos en abonos, hechos constar en recibitos genéricos que se adquieren en cualquier papelería y con un sellito de *Softline Services.* Hubo también el precavido que por mi conducto envió cheque certificado por si las moscas

(La evidencia ya la tenemos. El asunto lo manejaremos sigilosamente. Nomás nos falta saber el coste de entablar una demanda en la Corte del Juez Perry Mason para la reclamación de esos 500 dólares).

No faltó la que se valiera del "coyote para cuidar a las gallinas" confiándome su aportación en un sobrecito manila con puros billetitos de cien dólares, que me vinieron de perlas pues precisamente un día después emprendía vuelo a Las Vegas obedeciendo a otra invitación de la DuPont para asistir a la Exposición de la NACE (cuando esa exposición se trasladó a Dallas, no recuerdo "por qué" rechacé la invitación de rigor) para conocer los adelantos del ramo y darle calorcito a nuestro campeón de la NASCAR Jeff Gordon. Los billetitos con el retrato del bonachón de Benjamín Franklin (siempre me he preguntado el por qué será que la mayoría de los que se desempeñan como Embajadores, como lo fue Franklin ante Francia en su tiempo, tengan cara de bonachones aunque traigan la música por dentro; de esos que parece que no quiebran un plato pero tienen toda la vajilla rota.. Que no se me malinteprete, lo digo por el Barón (o ¿Duque?) de Ripperdá, epítome, para bien o para mal, del arquetipo de la mayoría de mis ídolos) fueron desfilando uno por uno por las ranuras de las llamadas *Slot-Machines* hasta casi agotarse haciendo que de vez en vez tuviera la sensación de sentir en la nuca, con erizar de cabello y toda la cosa, la mirada desaprobatoria de quien me los confió. Lo bueno fue que en una de esas un premiecito de más de mil me recordó lo conveniente de resarcírselos al sobrecito de inmediato, pero en forma de cheque de viajero para no tener tentaciones, y no quedarle mal en su encargo a la confiadota. De vez en cuando, hay que reconocer, a Birján le gano una: el chequecito llegó tal cual a su –ahora lo sé- malhadado destino. (Que con su pan se lo coma, aunque en este caso tal vez sería mejor decirle que con su 'Fast-Food' o su 'Burguer' para que se ponga adiposo, colesteroliento y de paso se exponga –y sea contagiado, faltaba más- al llamado mal de las vacas locas. Y que se dé de santos que no lo emplazo ante el tribunal de Dios como le pasó a Fernando IV por lo mal que se portó con los hermanos Carbajal, aunque dudo que sepa la historia, pero pues, peor para él).

Todo eso sucedía en fecha nefasta para los mexicanos. Diciembre de 1994. Cuando el llamado error de ese mes, que trajo como consecuencia que aquellos dólares baratitos y a la mano a que estábamos acostumbrados, de la noche a la mañana se nos fueran al doble y para colmo, escasos.

No crean, siente uno cierto remordimiento: Qué tal y si esos quinientos dólares y los doscientos ochenta y nueve que previamente había acopiado para mi diversión en la llamada Meca del Juego (dicen también que del pecado, y no precisamente por lo del juego, pero que como para eso no siento mucha inclinación, lo que por otra parte no deja de darme cierto cuidado porque no ha faltado ocasión en que Venus, a Birján y a mí, nos mire con ojos de burlona intención. Para ser sincero, más a mí que a Birján. ¡Pero no le hace, ya ven como es Venu$!) fueron la gota que derramó el vaso de la desestabilización de las reservas del Banco de México y yo allá, despreocupadote, dilapidándolos, emulando a nivel micro-hormiga el comportamiento de algunos célebres líderes petroleros de antaño. Por ahí he oído decir que alguna vez se perdió una guerra por la falta de un mísero clavito. (Todos sabemos la historia: por faltar un clavo se perdió una herradura, por la pérdida de la herradura se perdió el caballo, por la pérdida del caballo se perdió el jinete, por perder el jinete se perdió el mensajero, por perderse el mensajero se perdió el mensaje, por falta del mensaje se perdió la batalla, por perder la batalla se perdió la guerra y por perderse la guerra se perdió un imperio).

GET OUT!

A la par del cambio constante de aquella residencia de la que fuimos testigos en su evolución hasta su remate, lo fuimos del gradual desplazamiento en el espectro de la animosidad del carácter y el trato de nuestro *defensor* que fue trocándose de cordial y amable y hasta platicador y dicharachero de las primeras ocasiones en que acudimos con nuestras *contribuciones* hasta el amargado –cosa que no entiendo porque de siempre he sostenido aquello de que a nadie le amarga un dólar- y áspero y hasta casi diría que rayando en lo grosero.

La primera muestra que dio de ello fue cuando casi todos recibimos una carta machote de la *Softline Services* obviamente sin firma, en donde se nos reprochaba el que por andar de mitoteros estábamos poniendo en riesgo la confidencialidad de la operación y ocasionando cargos extras por cuestiones de seguridad y urgiéndonos de paso a aquellos que aún no liquidábamos el total a hacerlo a la mayor brevedad para evitarnos costos mayores.

Anexo a la carta, el Estado de Cuenta de cada destinatario: como ya era poco el remanente, para principios del 95 por nuestra parte habíamos cumplido completamente. En lo particular, lo único bueno fue que en una de tantas vueltas me hice de una copia del acta de defunción de **Vicente Longoria** en la que se consigna que *"murió en el campo, de mal de costado"*.

Aquí podría terminar con el consabido "*y colorín, colorado*", pues por allí no volvimos más, pero la verdad es que el verdadero colofón de este malhadado asunto vino cuando a finales de ese mismo año, un fin de semana, un familiar no ajeno al caso me pidió que los acompañara a él y a un amigo mutuo precisamente a Mission para desahogar un negocio de muy diferente índole.

Se trataba de que nuestro amigo le hiciera una visita a una persona del sexo femenino, de avanzada edad, (ignoro el parentesco pues en cuestiones tan delicadas no suelo ahondar en mis pesquisas) recluída en un asilo.

Alguna vez asistí a un seminario en el Archivo General del Estado, con el ánimo de aquel que no tiene otra mejor cosa que hacer y de que lo que por ahí se aprenda ni nos beneficia ni nos perjudica, sino todo lo contrario, como dijo aquél. Se trataba de una semana dedicada al estudio de la forma de vivir de los habitantes naturales de esta región antes de la llegada de los churumbeles (Bueno, de los peninsulares ibéricos, pues para esas fechas Juan Lejido –¿Legido?- todavía ni nacía para formar parte o encabezar a aquel famoso grupo de cantantes) mediante una serie de conferencias o pláticas magistrales de temas afines impartidas por personas empapadas de ese particular conocer y que daban trámite a su encargo en cuestión de hora y media o dos diariamente. El nombre del seminario no se pudo escoger con mejor tino: "Orgullosamente Bárbaros".

Aparte del quehacer cotidiano de aquellos naturales clasificados como nómadas y cazadores y recolectores; de sus costumbres, de su forma de socializar entre los diversos grupos o clanes dispersos en el entorno norestense mediante los llamados "mitotes" que se realizaban periódicamente en torno a una fogata (dejando como único rastro vestigios de "fogones" que sólo los verdaderamente enterados del tema pueden identificar actualmente), en los que coincidían los miembros de las diferentes "naciones" y que el consumo de peyote y la práctica del sexo eran una especie de ejercicio obligatorio, (temprano modelo de los ahora llamados "raves") y que le servían a los interesados en hacerse de compañía certificada como apta para el servicio, pude saber de una especie de práctico desapego hacia sus mayores. Cuando un individuo se veía incapacitado para avanzar al mismo ritmo del grupo en aquel constante deambular en procura de alimentos, era abandonado a su suerte sin más y el individuo en esta situación buscaba refugio para esperar el fin de sus días.

Lo de ahora no es muy diferente. Salvo que en un tratar de acallar nuestra conciencia inventemos una y mil excusas para justificar el abandonar, cuando precisamente más necesitados están de apoyo, cariño y comprensión, a nuestros mayores, que después de darlo todo sin esperar nada a cambio, de desgastarse para brindarnos cobijo y sustento, de agotarse cuidándonos y sufriendo nuestras enfermedades y compartiendo nuestras desdichas, de vanagloriarse de nuestras virtudes y éxitos, agobiarse con nuestros defectos y fracasos, vieron agotado su ciclo de productividad para (salvo esas raras excepciones en que el individuo llegue a esa etapa de su vida acaudalado, que es otro cantar), de súbito convertirse en estorbo, confinándolos en un refugio similar, así no sea el montaraz de aquellos tiempos. Por más que lo disimulemos, después de todo -no hay nada nuevo bajo el sol-, no dejamos de ser "Orgullosamente Bárbaros".

Llegar a Mission y dejar a nuestro amigo en su encomienda fue todo uno. Deliberando entre nosotros, mientras tanto, tal vez acuciados inconscientemente por alejarnos de aquel, aunque moderno y confortable, deprimente lugar, concluimos en que como teníamos suficiente tiempo y era la hora apropiada, nada perderíamos con darnos una vuelta a nuestra antigua querencia e informarnos de las posibles novedades respecto al asunto de nuestra *herencia*.

No tardamos en apersonarnos en el lugar y comprobar que, aunque ya lo habíamos dado por terminado, aquel inmueble todavía fue objeto de otras mejoras. Ahora lucía completamente cercado y pavimentado y en la esquina que daba acceso mediante un gran portón sobresalía un impresionante anuncio en inglés y español donde se advertía al visitante que ese lugar era privado y sólo se admitían visitas previa cita y pago (de algo así como 60 dólares) por entrevista.

Con la misma confianza con la que un viajero frecuente acude al mostrador de las aerolíneas, ignoramos aquel aviso que considerábamos reservado para los primerizos no para nosotros que no hacía mucho acabábamos de completar nuestro ciclo de "paganos frecuentes" y ya nos considerábamos casi casi cuatachos del dueño del changarro y además sólo íbamos por una simple información.

No sé si lo merezca o no, pero creo que cuento con la protección de algún ángel especializado en el resguardo de incautos soñadores bienintencionados pues aquella vez, buscando en la cajuela de guantes no recuerdo qué papel relacionado con el caso, permanecí en el auto por unos momentos. Habiéndose adelantado mi pariente con la familiaridad acostumbrada a la recepción, ese pequeño lapso sirvió para que apenas bajándome del coche lo viera regresar con el rostro desencajado por la rabia, apurado por dos fortachones guardias con una especie de palmaditas tipo empujoncitos en el hombro y mascullando algo así como *get out* e indicándole el anunciote.

Si tratara de dejar constancia aquí de las palabras pronunciadas durante los minutos siguientes a aquel penoso incidente por mi familiar, quien, como casi todos los varones norestenses a la menor provocación hacemos gala de lo vasto, variado y florido de nuestro repertorio de denuestos y maldiciones, dudo que encontrara editor que se atreviera a publicarlo como es mi intención. Ahora mismo tengo el fundado temor de que si lo trato de hacer en mi impresora, mi abnegada *DeskJet* tronaría sin remedio.

Para calmarlo y provocar de paso su risa tuve que recordarle que fue precisamente él quien me animó (y a mí que poco me faltaba como en el cuento aquel de la ranita en que suplicaba no me eches al agua porque me ahogo) a invertirle en este asunto con un despreocupado "Haz de cuenta que compramos un billete de Lotería y quien quite y pegue".

Y sí, hicimos de cuenta que compramos un billete de la lotería y no sacó ni reintegro. Lo único que molesta es que ni siquiera hubo sorteo. Ni lotería.

Por mi parte, lo dejo en que por 500 dólares me hice de una copia fotostática del acta de defunción de Vicente Longoria, misma que de momento, para acabarla de amolar, la tengo extraviada. Pero ya saldrá. (Ha de andar por ahí muy oronda acompañada en algún recoveco de los que seguido se vale el sentido común para jugar conmigo a las escondidas).

El comentario más acertado, lo publicó El Norte el 3 de Abril de 1995:

EL TIO LUPE

Fué hasta esa "noche DuPont" en el Museo Marco que empecé a maquinar el Plan B.

Mucho antes de contar con el valioso volumen de Don Israel Cavazos Garza, del que me hice en ese entonces por la bicoca de trescientos pesos, lo único que conservaba, desde hacía casi cuarenta años, era una serie de apuntes escritos a máquina en hojas tamaño carta y engargoladas con pastas de cartoncillo azul, recabados por mi tío abuelo José Guadalupe Salazar Rodríguez para el desenmarañe de nuestra parentela que no me costó ni un cinco gracias a la liberalidad de mi Tío –también picado del gusanito del meneo de pluma- que se dio a la tarea de obsequiarle un ejemplar a cada uno de sus familiares.

El Tío Lupe (siempre presente en mi memoria por sus actos de bondad, apoyo y guía en mi primera juventud. Baste como ejemplo decir que cuando toda la familia emigramos de Montemorelos, no dudó en acomodarnos en la pequeña casa que rentaba en la calle Colegio Civil # 146 Norte del centro de Monterrey, hasta que pudimos conseguir a donde mudarnos. Un campamento de gitanos no luciera distinto) desde el lugar en que se encuentra, que sin duda, por su bonhomía, no es ni con mucho "aquel de todos tan temido", debió haber esbozado una sonrisa de agrado aquel 10 de abril de 1997, cuando el orador principal, -otro de sus muchos sobrinos, de destacada trayectoria, si nó el que más hasta la fecha de nuestro solar nativo- comenzó el discurso de apertura de aquella reunión de tipo político-familiar con un

-*"Decía el Tío Lupe, …el único historiador que ha dado este lugar…"*

Merecido homenaje para quien dedicó su vida a hacer el bien a sus semejantes, buscando siempre el bienestar y el progreso de su comunidad. Con sus virtudes y defectos, como todos, claro está, pues de sus apuntes autobiográficos se desprende que fue un hombre inteligente e inquieto. Se casó y tuvo tres hijos, emigró a Estados Unidos en el 17 para regresar viudo y lamentando la pérdida de su esposa y de sus dos hijos menores a consecuencia de la epidemia de influenza española que asoló esta región en 1918. (El mayor, de nombre Benigno, supo labrarse su propia historia, contribuyó con la suya a la cuota de sangre norestense que demandó la Segunda Guerra Mundial enrolado en las fuerzas del Tío Sam, cayendo en Bélgica en las postrimerías de la contienda, a los 29 años de edad, no sin antes haber sido condecorado por su valentía y arrojo en el combate con la medalla del Corazón de Púrpura, tener el gusto de desfilar victorioso bajo el Arco del Triunfo en París con las fuerzas aliadas y dejar descendencia -tres hijos- y un busto erigido en su memoria (de haber sobrevivido, por su apostura y talla, para nada hubiera desentonado como contraparte al lado de aquel chaparrito con cara de niño de Audie Murphy, el soldado más condecorado de la 'WW II', en su película autobiográfica y otras de tipo 'western' que estelarizó en el cine de los 50's) en cierto lugar de Ohio y….¡faltaba más!… un Corrido norestense que alude a su máxima hazaña bélica -la de capturar en solitario a 37 soldados alemanes-, que aunque ahora olvidado y de difusión digamos doméstica, no deja de ser un Corrido y algún día será rescatado, si nó, ¡p'al baile vamos!. Por lo pronto, aunque ignoro el nombre del autor, he aquí la versión que escuché en un viejo 'cassette' de mediados del siglo pasado en voz de un coterráneo de nombre Mario Dávila:

CORRIDO DE BENIGNO SALAZAR

Año de mil novecientos

Cuarenta y cuatro a la vista

Murió un Héroe mexicano

Soldado paracaidista

En Bélgica fue caído

Mes de diciembre corría

Se llama Hacienda de El Llano
Tierra donde el fue nacido
Municipio de Terán
Tierra donde el fue querido
Pero se fue a trabajar
A los Estados Unidos

Pero llegó un veintinueve
De diciembre, ¡Qué pesar!
Que le encontrara la muerte
A Benigno Salazar
Peleando con alemanes
Segunda Guerra Mundial

Un galardón bien ganado
Por su victoria en Holanda
A 37 soldados
El sólo los atrapara
Sin importarle la muerte
Su bandera les quitara

México ha demostrado
Al Mundo entero y su gente
Que tiene hombres valientes.
Yo les voy a mentar unos
Escuadrón doscientos uno.
Vuela vuela palomita
Por el cielo de Terán
Vas a la Hacienda de El Llano
Este corrido a cantar
Y que no se olvide nunca
de Benigno Salazar.

Casado de nuevo el Tío Lupe, procreó cuatro hijos y adoptó una hija; volvió a incursionar por el Valle de Texas y a deambular por otros ocho Estados gringos, desempeñando los más variados trabajos, desde ayudante de plomero, almacenista en empacadoras de verduras hasta elevadorista de hotel en Baltimore. Profesor de Instrucción Primaria, en un lugar llamado Lampacitos del municipio de Montemorelos, agricultor, comerciante, comisionista y finalmente, como yo le recuerdo, como intendente de la Universidad de Nuevo León en el viejo edificio del Colegio Civil.

Se supo ganar y gozó de la amistad y la confianza del personal docente, administrativo y de la rectoría de nuestra Máxima Casa de Estudios.

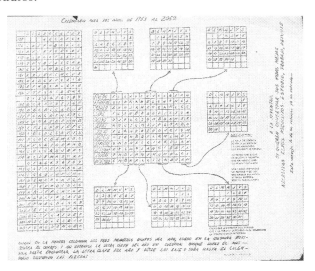

Se daba tiempo para ejercitar su ingenio. Fruto de su magín, es este curioso Calendario que él llamó Perpetuo y que nos sirve para saber, por la fecha, el día de la semana de nuestro nacimiento y que abarca del año 1753 al 2059 adornándolo con versitos, consejos y pensamientos que le retratan de cuerpo entero.

Inquieto como era, también dejó desperdigado testimonio de su curiosidad por conocer y divulgar los orígenes del poblado que le vió nacer recabando datos, según sus palabras, de diversos autores:

Alonso de León
Un **Autor Anónimo**
Gral. Fernando Sánchez de Zamora
Documentos Inéditos o muy raros para la Historia de México.
Publicada por Genaro García. Tomo XXV.

Unos ejemplos:

FUNDACION, CON DATOS HISTORICOS Y BIOGRAFICOS DE "EL VALLE DE LA MOTA"

La fundación del valle de la Mota se hizo con las solemnidades acostumbradas, un fiscal a nombre del rey recibía del gobernador la tierra y en señal de posesión clavaba una cruz en el suelo, tiraba piedras hacia los cuatro puntos cardinales, quebraba ramas de árboles, arrancaba zacate y ejecutaba en fin todos los actos del ritual que en aquel entonces daba el poder y el dominio sobre un lugar....

....

El hoy poblado de General Terán fue fundado con el nombre de El Valle de la Mota en el año de 1746, correspondía a la jurisdicción de El Valle de San Mateo del Pilón, con un centenar de familias españolas y otro tanto de indios dedicados todos a la agricultura y ganadería. Había allí una capilla nueva y las misiones de la Purísima Concepción y de Nuestra Sra. de la Purificación, también correspondían al Valle de San Mateo. Eran misiones de indios jodines principalmente dedicados todos al cultivo tenían su cabildo y un religioso doctrinero...

CUANDO SE ERIGIO EN VILLA GRAL. TERAN

De esto hace 108 años, era entonces gobernador el Estado Don Agapito García, Secretario General de Gobierno Don Santiago Vidaurri el entonces Valle de la Mota hizo una solicitud ante el Congreso del Estado pidiendo ser erigido en Villa, y previo los estudios convenientes el 31 de Marzo de 1851, Agapito García, Gobernador Constitucional del Estado libre y Soberano de Nuevo León a todos sus habitantes se hace saber que el Honorable Congreso ha tenido a bien decretar lo que sigue:

"Art. 2°. Para inmortalizar en el Estado la memoria del ciudadano nuevoleonés Gral. Manuel Mier y Terán el Valle de la Mota, llevará el nombre de Gral. Terán, N. L."

....

...¿Quién fue el Gral. Manuel Mier y Terán? Fue originario de Tepejí del Río y murió en Padilla, Tamps. Mier y Terán fue uno de los hombres más cultos de la guerra por la independencia, estuvo a las órdenes del Cura Morelos el año de 1827. Vino con el mando de tropas a las provincias internas de Oriente y aprovechó su estancia en estas regiones para auxiliar a la comisión de límites aplicando tierras, descubriendo pueblos de indios, sondeando ríos y Bahías y practicando reconocimientos técnicos de todas clases...

....

"ADVERTENCIA A LOS LECTORES".

Con respecto a la Fundación de "EL LLANO", adviértoles que no sé si haya una confusión conforme a la Historia de San Antonio de Los Llanos, que es ahora Hidalgo, Tamps., pero basándome en los pasos del Río puede ser "El Llano", N. L., Municipio de General Terán, N. L. Quiero me dispensen mis errores en esta pequeña obra.

....

"FUNDACION DE EL LLANO"
CONFORME A LA HISTORIA DE MEXICO

Sedientos el Padre Fray Caballero y su compañero el Padre Fray Joseph de San Gabriel de convertir y ganar almas para el cielo, y parecióles que no era conveniente estar obrando lo que tenían, pensaron ir a reconocer la gente y tierra de Los Llanos, para lo cual enviaron a buscar algunos indios de los más cercanos y fue Dios servido que para mayor facilidad de este negocio entre los indios que se consiguieron fueron dos indios ladinos en lenguaje mexicano y ya bautizados,que eran de la encomienda del Sargento Mayor Jacinto García. De Rio Blanco salimos por un camino muy escabroso hasta que llegamos a un puente de piedra que le decían puente de Dios, que tiene una profundidad como de 25 estados, y de allí seguimos las veredas hasta llegar a un Río muy caudaloso, lo cogimos hacia el Oriente o abajo y tuvimos que pasarlos como unas 40 veces para llegar al Valle, habiendo llegado a los 2 días del mes de febrero de 1666, donde recogimos muchos indios bárbaros rayados, a quienes por los intérpretes se les dio a entender el motivo de la venida de nosotros que era para alumbrarles de los misterios de nuestra santa fé y sacarlos del poder del demonio. Y luego que bajamos Río abajo buscando sitio apropiado para fundar la misión llegamos a una ciénega muy abundante de agua y muy fácil de sacar agua para regar con ella, y allí quedo asentado con los indios y españoles de que sería su pueblo..

Y así lo hicieron todos escogiendo cada quien su parte o parcela, para que así mismo formaran el pueblo con los rituales de costumbtre, el clavar cuatro estacas, hacer una cruz, quebrar ramas de árboles, arrancar zacate y tirarlos a los cuatro puntos o rumbos cardinales, y los padres con muchísimo gusto y regocijo por haber encontrado tanto número sin número de hombres bárbaros en que ocuparlos, y haber reconocido tantas tierras tan fértiles y regresando los padres misioneros para trabajar la tierra, bueyes, rejas, azadones, aperos etc., así fue como llegaron al Rancho del Refugio montuoso, como a mediados de abril del seiguiente año de 1667 y lo primero que hicieron fue un jacal en que acogerse luego otro enseguida otro más grande para iglesia, luego empezaron a bautizar a los indios y dándoles doctrina y empleándolos en el trabajo para la comida y volvióse el padre Caballero a Río Blanco dejando en los Llanos montuosos al compañero Fray Joseph para que asistiendo a los indios pusiese en corriente la conversión....

....Así es señores, que estos datos se pueden tomar por verídicos, conforme a la historia que reza de que por el camino donde venían los españoles encontraron el puente de Dios, los pasos del Río Pilón y por último como prenda histórica, existe una Iglesia o Capilla construída de piedra y aun antes tenía campana, esa capilla está en una colonia de este poblado que se le denomina Santa Gertrudis, que fue donde ellos fundaron, nadamás que cuando llovía mucho la planilla se les crecía y entonces optaron por salirse a la parte más alta que es el centro de este poblado de "El Llano", de esto hace 292 años. (¿escribiría esto en 1959?)

....

"El Llano" está situado a seis kilómetros al poniente de Gral. Terán, N. L., a tres kilómetros lado norte del Río Pilón, a cuatro kilómetros al Sur del Arroyo del Granjeno y a ciento un kilómetros al Sur de la ciudad de Monterrey, N. L., Capital de Nuevo León. Se coloca exactamente a los cincuenta y cuatro minutos latitud 0 grados del meridiano de Greevich (sic)*, su altitud es de 420 metros sobre el nivel del mar.*

....

En el año de 1949 se reconstruyó y se revistió de grava un tramo de camino vecinal que conduce de el Río Pilón a entroncar con la carretera de Gral. Terán...

....

En el año de 1940 existió una sucursal de correos a cargo de un servidor....

....

En el año de 1932 se instaló un teléfono público con la cooperación del C. Presidente Municipal de Gral. Terán quien cedió la red y el aparato y los moradores de este poblado contribuyeron en comprar y traer los postes y luego plantarlos...

....

....he sabido por esas mismas personas ya ancianas que dicen que sus padres les decían que para cuando hicieron la primer Escuela en el año de 1835...

......

En el año de 1742, la señora Josefa González de (F)Hidalgo solicitó una merced de agua de la toma del Ojo de Agua a Madrid, concediendo S. M. a la Sra. González de (F)Hidalgo...

......

y los tres sitios de ganado menor que poseen los accionistas del Llano eran del Capitán Carlos Cantú...

......

Impulsor incansable de diversas mejoras y obras en la Hacienda de El Llano, dejó constancia escrita de los afanes de los pobladores por lograrlas, así fuera del camino cascajeado para conectar con la carretera como de la Escuela del lugar o de dotar efímeramente de servicio telefónico al poblado o de la adquisición del terreno en que ahora se asienta el "Panteón González"

….En el año de 1933 y 34 se fundó un panteón a base de cooperación de los mismos moradores y circunvecinos….El día 8 de febrero de 1934, se le dio sepultura a un niño de nombre Eliseo González, en el centro del Panteón, dicho niño fue hijo del Sr. Exequiel González y de la Sra. Manuela Salazar… También se pidió el servicio del Presbítero de Gral. Terán para el acto de bendición del panteón, quedando confirmado con el nombre de Panteón González.… en el que ahora reposa y en el cual el autor, si se porta bien y es su manifiesta voluntad acatada, podrá compartir con él las mutuas "vivencias" o en su caso "mortencias", (como aquella anécdota que nos llenó de asombro y cierto *'cuis-cuis'* cuando aquel viejo reloj suizo, de esos de pared, cuadrado, de la rara marca 'Lacase', que funcionaba accionando una gran cadena que le colgaba como leontina, con sus contrapesos de bronce y su sonoro péndulo y al cual él era el único que se preocupaba en darle cuerda para mantenerlo en sincronía con el horario en el viejo edificio del Colegio Civil y que cuando lo jubilaron de intendente le fue obsequiada esa antigüalla como recuerdo, misma que conservó el resto de sus días con cariño y que, colgado coincidentemente en la misma habitación de su lecho de muerte, exhalando el Tío el último aliento, aquel reloj le acompañó en el viaje con su postrer tic-tac en ese mismo instante y desde entonces, a pesar de dos que tres visitas al relojero experto, no se ha podido lograr hacerlo funcionar debidamente. Y aún ahora, su nieto, que se empeñó en conservarlo, después de esas fallidas intentonas, ya no está tan seguro de seguir haciéndole la lucha por rehabilitarle. Yo lo entiendo) en un no muy lejano futuro, siempre y cuando antes no tenga que lidiar con alguna que otra aduana en la cual le toque el rojo para revisión y salgan a flote ciertos pecadillos no consignados o mal disimulados entre su bagaje para el viaje final a la mansión eterna y sea víctima de no por seráficas menos burocráticas trabas, en cuyo caso, desde ya, lo nombra su defensor (de oficio y sin remuneración, como fue su sana costumbre en vida cuando de abogar ante quien fuera en pro de la justicia o el bienestar de sus compañeros lugareños y/o de sí mismo se trataba dada su condición de, podríamos decir, lengüi-lampiño)

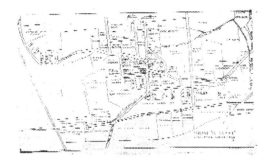

Pues bien, tratando de encontrar el apellido Longoria en un plano elaborado por el Tío Lupe de lo que era en ese tiempo La Hacienda de El Llano con los nombres de los propietarios de los solares y/o predios, no encontré ninguno. Encontré en el mapa los apellidos De La Cerda, Dávila, González, Saca, Alanís, Maldonado, Rodríguez, Saldívar, Ramos, Cantú, Peña, Garza, Espinosa, de Ochoa, de Alejandro, Plata, Vázquez, Sosa, de la Torre, García, Tamez, Alvarado, Bedia, pero de un Longoria, ni sus luces. Eso sí, mucho apellido Salazar.

Como la mecánica del Plan B que imaginé era precisamente ir desmenuzando parte por parte, apellido por apellido, y luego, como en un rompecabezas, ir colocando las piezas que encajaran, nada mejor que dar el primer paso, que ya sabemos que es la mitad de la jornada por larga o corta que sea, siempre con la esperancita de que no me falle aquello que decíamos antes de que *'ya rodando la carreta, se acomodan las calabazas'.*

Pudiera hacerlo a mi modo, pero considero de justicia cederle al Tío Lupe la pluma, sin quitarle ni ponerle, para que nos diga, ya que no le conocí, quien fue mi abuelo materno y así de paso configurar la primera pieza del rompecabezas, haciendo una excepción, pues en adelante procuraré, de ser posible, seguir por orden cronológico según fueron haciendo su aparición en el Nuevo Mundo, y en su caso en nuestro Noreste (¿y, viéndolo bien, ¿qué más Noreste en Nuevo León que El Llano? Sin olvidarnos de mi andurrial en el Camino Real, feraz terruño que, como 'obligado a tercia' por tantos ilustres ombligos depositados en su seno, entre otros frutos, produce suculentas naranjas de las llamadas 'ombligonas' y a su vez ubicado precisamente cosa de un kilómetro y cacho al Noreste de El Llano) los peninsulares que confluyeron para conformar buena parte de la población.

Por cierto que cuando leemos a Cervantes nos descorazona un tanto el concepto como personas que el Manco de Lepanto tenía de aquellos emigrantes a Indias, sus contemporáneos, pues en "El Celoso Extremeño" los pinta así: …"viéndose, pues, tan falto de dineros, y aún no con muchos amigos, se acogió al remedio a que otros muchos perdidos en aquella ciudad (Sevilla) se acogen que es el pasarse a las Indias, refugio y amparo de los desesperados de España, iglesia de los alzados (deudores) salvoconducto de los homicidas, pala y cubierta de los jugadores a quien llaman ciertos (fulleros) los peritos en el arte, añagaza general de mujeres libres, engaño común de muchos y remedio particular de pocos..."

Bastante riguroso, sin duda. Sólo nos queda para analizar, sin que suene a disculpa, el hecho de que por esa vez su pluma haya sido movida de su centro en parte por el recuerdo no muy grato, o simple desencanto, de su personal intención de hacerlo por lo menos dos veces. La última, por 1590, años antes de que escribiera esa obra, el propio Cervantes había elevado nueva petición al Consejo de Indias con la esperanza de verse favorecido con algún puesto (de tesorero o algo así "de los vacos en Guatimala o El Soconusco") pero el Consejo rechazó su petición con un tajante "busque por acá en qué se le haga merced".

En lo particular, sin dejar de reconocer que no todos aquellos que vinieron eran unas hermanitas de la caridad, me quedo con el arquetipo del buscador de fortuna y gloria que nos presenta la Zarzuela Don Gil de Alcalá, o con el de Juan El Indiano, de la también zarzuela Los Gavilanes, género de espectáculo (respecto a la Opera le llaman 'chico') que a no ser por la filantropía del Arq. Eduardo Barragán, un capitán de industria regiomontano, de indudables prendas de decencia y bonhomía, que sí sabe para lo que es el dinero (género que algún tiempo fuera impulsado en televisión por el Canal 28 por otro dilettante regiomontano, el Dr. Jorge Rangel Guerra), no se diera más en nuestra Ciudad, así sea esporádicamente, pues de manera lamentable está en franca vía de extinción.

Pero no hagamos esperar más al Tío Lupe.

SALAZAR

JOSE SALAZAR RODRIGUEZ, nació en la Hda. "San Rafael del Llano",

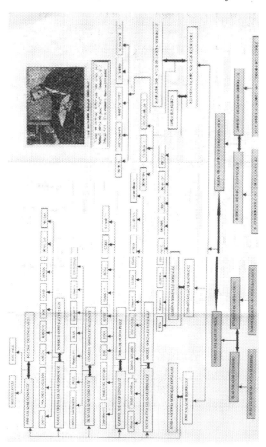

Municipio de Gral. Terán, N. L., el día 20 de abril de 1887, siendo registrado y bautizado en el mismo Municipio. Padrinos de bautizo: Juan Salazar Ojeda y Ma. Concepción Rodríguez.

Ya de edad escolar ingresó en la Escuela particular de esa misma Hda. "San Rafael del Llano", e hizo sus estudios hasta el 3er. Año Escolar, pues por aquellos años no se impartía mayor instrucción.

Cuando salió de la escuela trabajó en la agricultura ayudándole a su padre.

En el año de 1905, contrajo matrimonio con la señorita Ma. Antonia González González. De dicho matrimonio hubo cinco hijos: Magdalena, Gabriel, Blas, María Exiquia y José.

Por su amor al estudio y su capacidad mental, compraba libros para su mayor cultura.

Viendo los vecinos el talento y sus conocimientos, lo solicitaron para profesor de instrucción primaria de esa Hda. impartiendo clases hasta el 4º. Año. Como la escuela era particular, los padres de familia se comprometieron a pagarle $0.25 mensuales por alumno. Viendo los padres de familia la buena enseñanza que recibían sus hijos, solicitaron la cooperación económica del Presidente Municipal de Gral. Terán, habiendo donado la cantidad de $10.00 mensuales. En dicha Hda. trabajó algunos años.

Dándose cuenta los vecinos de la Hda. "San Joaquín". del mismo Municipio, del buen trabajo que desempeñaba como profesor, lo solicitaron ofreciéndole mayor remuneración a donde se trasladó con su familia laborando durante tres años, del 1913 a 1915.- Teniendo como ayudante al señor Juan Salazar Rodríguez. Todos los vecinos de dicha Hda. estaban muy contentos de su actuación por su buen método de enseñanza, tenía carácter recto por lo cual los alumnos le tenían mucho respeto. En dicho lugar también dio clases hasta de 4º. Año.

En el año de 1915 se trasladó con su familia a la ciudad de Monterrey, N. L., donde consiguió trabajo como escribano en el Palacio de Gobierno en los Tribunales de Justicia. Mas tarde trabajó en Cervecería "Cuauhtémoc", como recibidor de cajas. Después de haber estado en Monterrey durante tres años, regresó a la Hda. del Llano, Gral. Terán, N. L., y en 1918 que vino la revolución del Gral. Juan Andrew Almazán, lo solicitó el Capitán Cecilio Rodríguez, como su secretario particular. El Capitán Rodríguez capitaneaba una gavilla de revolucionarios y por un denuncio que hicieron al resguardo de un cuerpo de voluntarios que comandaba Catarino Hernández, fueron acribillados a balazos en el Rancho "El Refugio", José

Salazar, Cecilio Rodríguez y Roberto Mares, este último fue hecho prisionero pero allí mismo lo fusilaron. Esto fue el día 3 de marzo de 1918.
El 4 de noviembre de 1918, falleció su esposa Ma. Antonia González de Salazar Cuando la influencia (sic) española, quedando por lo tanto huérfanos de padre y madre sus cinco hijos, amparados por sus abuelos paternos, Gabriel Salazar y Ma. Teresa Rodríguez.

Gracias Tío. Le agradezco su colaboración para engrosar este libro. Luego *platicamos.*

Sólo quisiera agregar que en mi niñez tuve conocimiento de rumores de que la muerte de mi abuelo, a quien no conocí pues para ese entonces la encargada de la gratificante tarea de traerme al Mundo contaba apenas cuatro años y escasos meses de edad, pudo deberse también a un exceso de su parte y del Capitán Rodríguez –¿su pariente?- en el cuidado de sus cabalgaduras pues, viéndolas agotadas, perdieron preciosos minutos que bien pudieron aprovechar para poner tierra de por medio, deteniéndose en una acequia para que descansaran y abrevaran los nobles brutos.

Quizá sea por eso que cada vez que escucho aquello de

> *Ariles y más ariles*
> *Ariles de aquel que fue*
> *A darle agua a su caballo*
> *Y se le murió de sed.*

lo evoque y lamente el hecho de que no haya sido mi abuelo el inspirador de esa parte de la letra de ese popular huapango (o lo que sea).

TAPIA

Si creyera en las predicciones de los astrólogos, que se la pasan bien y bonito confeccionando, basados en ´machotes´ para cada signo zodiacal –que según el sorteo dominical de la Lotería Nacional son como doce, empezando por uno llamado Aries- nuestros horóscopos diarios según nuestra fecha de nacimiento y predisponiéndonos para hacerles caso y ajustar nuestro accionar cotidiano a sus predicciones, tan generalizadas como ambiguas, no dudo que si por ahí saliera alguno en que se me diga que por haber nacido en uno de los primeros días de Enero, mes dedicado al mitológico dios Jano que según esto tenía dos caras, una viendo al futuro y la otra al pasado, privilegio que le otorgó Saturno (me imagino que otro dios mitológico de mayor jerarquía, porque no creo que se trate del Planeta, pero para el caso es igual) y que por esa sola influencia estoy destinado para siempre de hacer lo mismo, a lo mejor les daría la razón porque de un tiempo a acá, para ser preciso desde Abril de 1986, eso es justamente lo que hago tratando de dar pié con bola en eso de desenmarañar la genealogía familiar, asunto que me llegó de rebote y si se quiere nada relevante o de ningún provecho, pero ya sabemos que la curiosidad es canija. Y cuando de chiripa en nuestra desorganizada búsqueda nos encontramos un dato que consideramos un 'garbanzo de a libra', peor tantito, nos engolosinamos de tal manera con el asunto que para qué les cuento. El único inconveniente es compaginar el tiempo que a ello dedicamos con el que necesitamos para la obligada búsqueda diaria del sustento. Pero para eso se hicieron las noches, los fines de semana y los días festivos.

Bernal Díaz del Castillo, conquistador y cronista español, quien antes de acompañar a Hernán Cortés en su empresa ya había incursionado en tierras de lo que se llamó después la Nueva España como miembro de dos expediciones anteriores que salieron de Cuba en busca de territorios por explorar, primero con Francisco Hernández de Córdova y después con la comandada por un Capitán, que por cierto coincide su apellido con el nombre de un río de Tabasco (Juan de Grijalva), cuenta en su *Historia Verdadera de la Conquista de la Nueva España* que entre los capitanes cercanos al Conquistador Cortés estaban Pedro de Alvarado, Gonzalo de Sandoval, Cristóbal de Oli (Olid) y, entre otros más, ANDRES DE TAPIA.

Andrés de Tapia hace su debut muy temprano en el relato de Díaz del Castillo cuando, llegada la flota a Cozumel, es comisionado por Cortés para ir con dos soldados a su cargo en busca de un soldado español que había quedado rezagado de expediciones anteriores y adoptado los 'usos y costumbres' de los naturales, de nombre Jerónimo de Aguilar, al parecer sevillano, mismo que junto con otro de apellido Guerrero se escaparon de que los mayas les dieran matarili.

Este Jerónimo de Aguilar fue de tanta ayuda para Cortés como Doña Marina, así nombrada por los españoles a quien conocemos como La Malinche. (*Dice Bernal que Malinche era el nombre con que los indios nativos se referían a Cortés. Así es que por extensión le pasó a su concubina o 'compañera sentimental' que diríamos ahora, pero su nombre verdadero no difería mucho: Malintzin*) como intérprete, gracias a que Aguilar durante el tiempo que pasó en esas tierras aprendió la lengua de los naturales, el maya-chontal.

Cuando se hizo lo propio al buscar a Guerrero, lo encontraron en compañía de la que era su mujer, una robusta india, de armas tomar, como correspondía al hecho de saberse hija de señor principal, que recibió con no muy buenas razones a los enviados por Cortés y aquel 'avezado' expedicionario, por esta vez, no hizo honor a su apellido y bajando la vista les dijo a los mensajeros que muchas gracias, pero que por el momento no tenía intenciones de dejar aquella vida a la que ya se había acostumbrado en compañía de su mujer y sus tres hijos… Y se quedó. Se resignó a su suerte. Incluso la de pasar a la historia, según otras fuentes, motejado como traidor, desertor, cobarde, 'come-cuando-hay', 'mal-amigo', etc. Sobre todo porque la doncella que le ofrecieron, de no malos bigotes, era hija de un cacique de aquella región, que además de hacerlo su yerno lo nombró su asesor militar. Como quien dice le tocó 'carnita' y 'hueso'. De lo que no hay duda es de que fue protagonista del primer caso de mestizaje ibero-americano que registra la historia. (Salvo lo que pudiera haber ocurrido durante los viajes de Cristóbal Colón y las tripulaciones de sus carabelas –cuestión de recordar lo sucedido en el Fuerte Navidad- pues por ahí hay una vieja y guapachosa canción que dice: "Los Hermanos Pinzón, eran unos… marineros, que salieron a Calcuta… a buscar… algunas playas")

Ambos, Jerónimo de Aguilar y Gonzalo Guerrero, fueron los únicos supervivientes de un grupo de 13 o 15 náufragos que alcanzaron tierra luego de que su embarcación se fue a pique frente a las costas de Yucatán durante su viaje de un enclave en El Darién, en lo que hoy es Panamá, a la Isla La Española. Con los demás los mayas, asumiendo que nada más consumieran las extremidades de los sacrificados al igual que los mexicas, se dieron un banquete teniendo como platos fuertes *'pernil de explorador a la pibil', 'pantorrilla al habanero grill', 'antebrazo a las finas hierbas', 'chile morrón y brazo tatemado (incluye codo)', etc. etc.*

Este episodio, además de Bernal, lo consigna otro historiador de a deveras el inglés Hugh Thomas en su libro "La Conquista de México", de esta manera:

…*En la primavera de 1511, explicó Aguilar, se encontraba a bordo de un barco bajo el mando de un conquistador llamado Valdivia, nave que iba de El Darién a Santo Domingo.…*

…La embarcación topó con un banco de arena cerca de las costas de las Islas Víboras….Aguilar, Valdivia y otros veinte hombres partieron en una barca, sin comida ni agua y con un único par de remos. Se vieron atrapados en una fuerte corriente con dirección oeste y, después de numerosos apuros, encallaron en el Yucatán. Para entonces la mitad había muerto….

…Los mayas capturaron a los supervivientes, sacrificaron a Valdivia y cuatro hombres más y se comieron sus cuerpos en una fiesta. A Aguilar y a los que quedaban los metieron en jaulas con el fin de engordarlos, supusieron, para un festín posterior. Escaparon de la jaula y huyeron: otro jefe maya, Xamanzana, les proporcionó refugio pero los esclavizó. Pasado un tiempo todos murieron salvo Aguilar y Gonzalo Guerrero….

…Gracias a su fé (insistió Aguilar)--pudo evitar caer en la tentación de tomar las chicas que le ofrecían los anfitriones…

En mi período verde olivo, de tan feliz recuerdo, estando de servicio en Córdoba, Ver. a cargo de la Estación de Radio de la Partida Militar de mi tan añorado 21 Batallón de Infantería, destacamento que ocupaba una antigua Quinta de sólidos pero vetustos edificios y amplios como descuidados jardines, de presumibles pasados esplendores, improvisada como nuestro cuartel, justo frente a una plaza que no recuerdo el nombre, a un costado se alzaba una no menos antigua iglesia cuyo titular era un joven y apuesto sacerdote con un tremendo parecido a Alain Delon, el actor francés, obviamente muy popular entre las feligresas (sobre todo aquellas de muy buen ver y jóvenes pues nunca le ví acompañado de una fea, aunque sí con una que otra ya un poco vetarronas como quien sabe que 'gallina vieja hace buen caldo') a quien motejé como 'El Merecumbé' por aquello del 'querido de las mujeres y apreciado de los hombres' –esto último con la obvia excepción de aquellos cuyas 'bicicletas' pedaleaba-, sin más prueba que mi simple deducción, fui testigo tan involuntario como resentido de cómo ese su colega y sucesor borró con creces los melindres de Aguilar al respecto, sin mostrar, al menos, cierto recato o discreción, así fuera sólo para no generar nuestra envidia, de la cual, estoy seguro, se solazaba el canijo curita al provocarla como diciéndonos sí verbo mata carita y dinero mata verbo, 'sotana mata uniforme', y a la vez disimularlo con una falsa sonrisa de beatitud, pero bueno, así es esto.

Otra versión: Lo cierto es que Jerónimo de Aguilar, muy casto, muy casto, después de aguantarse algo así como ocho/nueve años, ya cuando llegó a Tenochtitlán como que le falló la templanza o se le alborotó la hormona, o las dos cosas, y por ahí se dice que dejó dos hijos y que, para colmo, su muerte se derivó de una enfermedad venérea.

¡ Ah, viejón…!.

Pero volvamos con nuestro personaje.

El Capitán **Andrés de Tapia** estuvo con Cortés en las duras y en las maduras; en todos sus avatares, afortunados y nó, durante su avance rumbo a Tenochtitlán. Asimismo, cuando los adversos sucesos de la Noche Triste.

Dice Bernal: *"… los cuales pueblos enviaron a se lo hacer saber a Cortés* (que los habían saqueado las huestes de Cuauhtémoc) *para que les enviase ayuda y socorro; y como lo supo, de presto mandó a* **Andrés de Tapia**, *y con veinte de a caballo y cien soldados y muchos amigos les socorrió muy bien y les hizo retraer a sus pueblos, con mucho daño que les hizo, y se volvió al real; de que Cortés hubo mucho placer y contentamiento…"*

Y en otro capítulo: *…..y mandó a* **Andrés de Tapia** *que con tres de a caballo viniese a Tacuba por tierra, que es nuestro real, que mirase que había sido de nosotros, y que si no éramos desbaratados, que nos contase lo por él pasado, y que nos dijese que tuviésemos buen recaudo… Y aún venía herido el* **Andrés de Tapia** (tras un encuentro de *vara y flecha* con los mexicanos)…

Y en otro; *…después de bien servidos en la comida de muchos y buenos manjares* (Cuando el Lic. Luis Ponce de León vino a tomarle residencia a Cortés) *dijo* **Andrés de Tapia**, *que sirvió en aquella fiesta de maestresala, que por ser cosa de apetito para en* aquel tiempo en estas tierras, porque era cosa nueva, que si quería su merced que le sirviesen de natas y requesones; y todos los caballeros que allí comían con el licenciado se holgaron que las trajesen...

Y después de mencionarlo en su obra infinidad de veces, lo describe; *"…vamos a otro buen capitán y esforzado soldado que se decía **Andrés de Tapia**. Sería de obra de veinte y cuatro años cuando acá pasó; era de color de rostro algo ceniciento, e no muy alegre, e de buen cuerpo e de poca barba e rala, y fue muy buen capitán, así a pie como a caballo; murió de su muerte…"*

Asimismo, dándole la justa proporción a su brillante papel en la conquista, Hugh Thomas, en su libro, lo hace así; *"…**Andrés de Tapia**, un mozo de veintidós años, pálido de barba rala, que fuera ayuda de cámara de Colón en Sevilla, fue a ver al gobernador (Velázquez, de Cuba) quizá desde La Española, y le explicó que deseaba prestar sus servicios a Cortés…"*

Y nos demuestra que Andrés, además de no dejar dudas de su buen manejo de las armas, de su valentía y arrojo y que para siempre dejó pruebas indubitables de su inquebrantable lealtad a Cortés, también meneaba la péndola con buen estilo; *"…Yo prometo mi fe de gentilhombre, y juro por Dios que es verdad que me parece agora que el marqués (Cortés) saltaba sobrenatural, y se abalanzaba tomando por en medio a lo más alto de los ojos del ídolo, y así le quitó las máscaras de oro con la barra, diciendo; A algo nos hemos de poner por Dios…ANDRES DE TAPIA en su Relación, c. 1539.."*

Y quedó para la posteridad su testimonio escrito:

"…e personas de dicho Narbaez, dezian los de su companya muchas cosas mal dichas en perjuicio del dicho don Hernando e de los que con el estavan, e que uno que se dezia delante del dicho Narbaez, de cortar las orejas al dicho don Hernando e comersela una dellas…" Testimonio de ANDRES DE TAPIA en el juicio de residencia de Cortés…

De su genuina lealtad a Cortés, Hugh Thomas dice, cuando una vez consumada la conquista empezaba entre los conquistadores la natural tragicómica rebatinga por obtener cargos y prebendas: *"...Excepto* Andrés de Tapia *que siguió siendo un leal aliado de Cortés, todos ellos creían que sus servicios no habían sido debidamente reconocidos ni recompensados..."*

Desde luego que alguna que otra pequeña diferencia habrían de tener, pues, una vez asentados definitivamente en lo que es hoy la Capital, no hay indicios de que haya acompañado Tapia a Cortés en su incomprensible y malhadada aventura en Honduras. Pero de que era uno de sus preferidos no hay duda, pues cuando Cortés se sintió malmodeado, con destierro y todo lo demás de por medio, por parte de nuestro siguiente personaje el Tesorero Alonso de Estrada, y viajó a Castilla (España) a 'darle la queja al Rey', invitó a Andrés de Tapia, a Gonzalo de Sandoval y a cuantos quisieran acompañarle –viaje todo pagado-.

Ya me imagino a nuestro Andrés, haciéndose el remolón, inquiriendo: -"Y de ir, mi Capi... ¿Quiénes iríamos?.."

Anota Lord Thomas en su libro que no acompañó Tapia a Cortés en aquella aventura por culpa de Juan González Ponce de León -por cierto hijo del descubridor de La Florida-, el mismo que fue tan alabado y reconocido, en su momento, por su distinguida y valerosa actitud durante los adversos sucesos de la Noche Triste, quien se negó asimismo a acompañar a Cortés 'a la guerra' y en su lugar mandó un mancebo, lo que no fue del agrado de Cortés, y que, además, según esto, mal aconsejó y estorbó para que tampoco fuesen a varios otros, entre ellos **Andrés de Tapia**. Cortés, en represalia, le quitó a Ponce de León los indios de su encomienda con la intención de devolvérselos a su regreso, cosa que ya no pudo hacer porque cuando volvió ya se le había instaurado su propio juicio de residencia por otro Ponce de León pero éste de nombre Luis y según esto, Licenciado.

Dada su inquebrantable lealtad a Cortés, entre la espada y la pared debió haberse sentido Andrés de Tapia cuando el Licenciado Ponce de León le entregara la carta que le fuera dirigida por el mismo rey de España para que le auxiliara en su encomienda:

De S. M. a Andrés de Tapia, su criado.

Andrés de Tapia, criado, porque yo envío al Lic. Luis Ponce de León por nuestro Juez de Residencia de esa Nueva España, el qual vos hablará de mi parte cosas que convienen a nuestro servicio, como veréis; por ende, yo vos encargo y mando que dándole entera fe y creencia por todo lo que de mi parte vos lo mandare, vos juntéis con él y le deis todo el favor e ayuda que vos pidiere e hobiere menester, como de vos confío, que en ello seré de vos muy servido. De Toledo, a quatro días del mes de noviembre año de mil e quinientos y veinticinco años.- Yo el Rey.- Por mandato de S. M. Francisco de los Cobos.

El Capitán Gonzalo de Sandoval, según Bernal, (y lo repite Thomas) aparte de tener el disgusto de morirse nomás llegando a Castilla, hubo de comprobar, con gran pesar y sin poder decir esa bolsa –o esa caja- es mía, la pomposa inauguración del dicho aquel de que 'nadie sabe para quien trabaja' (y si nó fue la inauguración, es la más antigua referencia que tengo al respecto, Mayo de 1528) pues el huésped de la posada en que se encontraba agonizante, le robó, a ojos vistas, sin que el Capitán Sandoval se atreviese a reclamarle dada su precaria condición de salud, como quien sabe que ya no saca la pelota del cuadro, trece barras de oro, para poner alegremente los pies en polvorosa y dirigirse presuroso y sin descansar hasta llegar a Portugal. Que no queda muy lejos, pero pues, ¿Ya que le haces?

Caso Cerrado.

Andrés de Tapia regresó en la primavera de 1530, llegando el 15 de julio a la Nueva España con Cortés, que ya ostentaba el nombramiento de Marqués del Valle (de Oaxaca). Si algún pendientito amoroso dejó Andrés a su partida, a esta pobre le pasó lo que a la *Niña de Guatemala:* (Ella por volverle a ver, salió a verlo al mirador; el volvió, volvió casado, ella se murió de amor*)*. Hay referencias de que le fueron concedidas en encomienda tierras en las cercanías de Cholula, con sus respectivos indios, y ese mismo año contrajo matrimonio con Isabel de Sosa, que no sería raro, por esas cosas de la endogamia acostumbrada en ese entonces, o más bien casi obligada, que estuviera emparentada con Juan Alonso Sosa Cabrera, quien en 1511 desposó a Ana Estrada de la Cavallería, hija del tesorero, el cual pasó en 1524 a la Nueva España para asumir su cargo, con toda su parentela.

… En todas estas andanzas en las costas del Pacífico, desde Tehuantepec hasta la Península de Baja California, entre 1535 y 1536, siempre acompañó Andrés de Tapia a su amigo y paisano, Hernán Cortés. Así el 9 de enero de 1535 lo hallamos en Colima, firmando como testigo en la fundación del mayorazgo que hizo ahí el Marqués del Valle de Oaxaca; y el 24 de febrero siguiente, en Iztlán, Nueva Galicia, en el requerimiento que Pedro de Ulloa hizo a Cortés, a nombre de Nuño Beltrán de Guzmán, entonces gobernador de Nueva Galicia, "para que salga de dicha gobernación". Rubio Mañé. (*Cedulario Cortesiano*)

Tres años después Andrés de Tapia había abandonado las actividades guerreras y se ocupaba de cultivar la tierra, sembrando trigo y vendiéndolo. El mismo nos lo dice, cuando refiere cómo entró esta gramínea a los campos mexicanos: .."Al Marqués, acabado de ganar México, estando en Coyoacán, le llevaron del puerto un poco de arroz; iban entre ellos tres granos de trigo. Mandó a un negro horro que lo sembrase: salió el uno, y como los dos no salían, buscáronlos y estaban podridos. El que salió llevó cuarenta y siete espigas de trigo. De esto hay tanta abundancia, que el año de 39 yo merqué buen trigo, digo extremado, a menos de real la hanega…" Relación hecha por el señor Andrés de Tapia sobre la Conquista de México. García Icazbalceta.

Ya en 1550, Andrés atestiguaba el casamiento de su hija Inés de Tapia (de Tapia-Sosa -?-) con… (Sí, cosas de la Endogamia II) Francisco de Sosa Albornoz.

¿Albornoz?… (Bueno… ¡Cosas de la Endogamia III!)

El nombre de su hija Inés, que me figuro fue la primogénita, no es mencionado por Andrés de Tapia en ninguno de los muchos escritos que dejó, ya en su *Relación*, ya en sus cartas o en las actas de cabildo de la ciudad de México del que formó parte en varias ocasiones con diversos cargos. Menciona a su hijo Alonso de Sosa, a quien encomia porque siguió la carrera eclesiástica y aboga por él para que se le designe en alguna parroquia. Se sabe de otros dos sus hijos; uno de nombre Cristóbal de Tapia y el otro llamado Pedro Gómez de Cáceres, (mudanza de apellidos incomprensible, a menos que la familia se haya 'ensanchado') así como de 'una doncella'.

Pero a los descendientes del primer matrimonio de Alonso de Sosa Albornoz o Albornoz de Sosa, hijo de Inés de Tapia y de Francisco de Sosa Albornoz, se les llenaba la boca al mencionarla como su ascendiente, y así dejar constancia de su ligazón familiar con el conquistador, sobre todo a uno que ya le andaba por probar su hidalguía para escaparse de pisar la cárcel por deudas, así los escribanos ya le tuvieran ojeriza por darles tanta lata:

PAPELES DE NOTORIEDAD Y NOBLEZA E HIDALGUIA DE DON FRANCISCO DE TAPIA SOSA Y ALBORNOZ, EN QUE CONSTA SER NOBLE CABALLERO, HIJODALGO SEGÚN SUS PRUEBAS HECHAS EL AÑO DE 1694.
Constan en 48 fojas escriptas, con más un Mandamiento de Amparo en 2 fojas,

Este su hijo Pedro, resultó todo un estuche de monerías:
Amigo del segundo Marqués del Valle, hijo de Hernán Cortés y doña Juana de Zúñiga, se vió envuelto junto con éste y otros más en un sonado caso de 'conspiración' contra la Corona y dejó su nombre embarrado en los expedientes levantados en su contra y testimonios a su favor para salvar el pellejo.

…Se le sometió a interrogatorio y de sus respuestas extractamos lo siguiente: *que no supo, ni vio, ni entendió en lo de la conjuración, "porque estuve once años en el Perú, habiendo ido con el Virrey don Antonio de Mendoza, sirviendo a Su Majestad, y después volvió a esta tierra y en ella fue proveído como Alcalde Mayor de Tehuantepec, donde residió tres años, poco más o menos, y después de haber fallecido su padre fue a los reinos de Castilla a pedir a Su Majestad, en remuneración de sus servicios y de los de su padre, de comer, y se le dio carta de recomendación favorable para que le proveyesen en esta tierra, y así vivió en ella proveído por Alcalde Mayor de la provincia de Mechoacán, donde ha residido y residió, e hasta que el Marqués del Valle y los demás culpados en este negocio fueron presos; que siete u ocho días después de la dicha prisión llegó a esta ciudad y lo trujo preso Baltasar de Bonillo, siendo su inferior y sujeto a su jurisdicción, sin haber tenido comisión para ello""*.. Rubio Mañé. Boletín del AGN.

Lo que no pudo negar fue su estrecha relación con el segundo Marqués del Valle, quien tiempo atrás lo invitó a realizar una bonita jugada de tres bandas en su beneficio: Una atractiva mujer de apellido Ferrer, dama de compañía de la señora marquesa, que había quedado vestida y alborotada al haber perdido a su prometido -caballero de ilustre familia- que deshizo el compromiso porque repentinamente sintió el llamado para meterse de fraile (sólo para morir a los tres días de haberse ordenado), dudaba en aceptar la proposición de matrimonio de un dineroso señor bastante mayorcito. Por intrigas del Marqués, y obviamente desde luego sopesando la fortuna de su pretendiente, la Ferrer aceptó el desposorio en el mismo lecho de muerte de aquel solterón. Terminarse la ceremonia y el dar el pésame a la reciente viuda por el vuelo de un ánima al Cielo, fue todo uno. A Pedro Gómez de Cáceres, en esa ocasión, le tocó interpretar el gratificante papel de galán joven en esa trama. La Ferrer se recluyó en un convento para informarse de la calidad de persona de su tercer pretendiente y salió de allí directo al tálamo una vez que fueron disipadas sus dudas. Final feliz.

Sobre todo para el afortunado de Pedro, que a poco enviudó y quedó como único dueño de aquella encomienda que le reportaban algo así como siete mil pesos de renta.

¿Se acuerdan de 'Las Leandras'? También zarzuela, alguna vez llevada al cine por Rocío Dúrcal, cuando irradiaba juventud y ataviada con un 'pavoroso' -por lo vaporoso y minúsculo- *negligé* negro cantando

> *"Ay que triste es ser la viuda*
> *Que un marido añora…"*

Y aquello de:

> *"Adminístreme Usted,*
> *lo que el pobrecito dejó,*
> *hágalo para que…*
> *su vacío no sienta yo…"*

Sí, Pedro Gómez de Cáceres pronto enviudó, pero no sin antes tener por lo menos un descendiente que retomó el apellido y aún el nombre del abuelo (Andrés de Tapia Ferrer). Como sedante para su pena, casó en segundas nupcias con una dama de apellido Sedano.

El toparme con este personaje (Andrés de Tapia, quien murió en la capital de la Nueva España en Agosto de 1561, a los 76 años y que, bastante previsor, había hecho su testamento desde Julio de 1547, ante un tal Francisco Díaz, sin aparentemente dejar en claro el origen de su hija Inés) despertó en mí una curiosidad tal vez igual a la que la hazaña de Francisco Vázquez de Coronado debió ocasionarle al reportero salmantino contemporáneo Juan Carlos García Regalado, autor del Libro 'Tierras de Coronado', quien rehizo, y recorrió, en lo posible, el itinerario que siguió el conquistador, por cierto su coterráneo, en su infructuosa búsqueda de las legendarias 'Siete Ciudades de Cíbola' 500 años después. Lo realizó utilizando diversos medios de transporte pero en la mayor parte viajando solo en su propio automóvil y de sus peripecias dejó detallada constancia en su libro. No será nada raro, pues, que un buen día, al primer desahogo económico que se le ocurra visitarme, me dé por hacer algo parecido recabando datos sobre la vida de Andrés de Tapia, -y de paso la de aquel Juan Navarro, padre del otro Juan Navarro 'El Mozo', pero éste ya nacido en la Nueva España (el 'legendario Juan Navarro', le hace decir a Manuel de Mederos, al referirse a 'El Mozo' como uno de los fundadores de Saltillo, en su novela 'El Reyno en Celo', el escritor regiomontano contemporáneo Mario Anteo) de apellido y de origen, otro de los acompañantes de Cortés y de Tapia mismo, que me está apremiando con golpecitos en una de las ventanas del aposento de mis aturdidas neuronas para que a él le de también entrada en el relato o de 'perdis' a su bienamado hijo- respetando con meticulosidad y aplicando al efecto todo el rigor académico de que seamos capaces, las dos únicas reglas que desde siempre nos hemos fijado para casos como éste en que emprendemos una investigación histórica a fondo: (1ª.), si nos sale bien, ¡Qué bueno! y (2ª.) si nó…. ¡no hay problema!: ¡Lo que importa es intentarlo!

Y comenzaría por dilucidar su verdadero lugar de nacimiento. ¿Plasencia?, ¿Medellín?. Hay quien lo hace natural de León. (De Badajoz, hidalgo, y de una gran cultura y como leal a Cortés de principio a fin lo cataloga el historiador francés Bartolomé Bennassar). Cuestión de revisar su testamento.

Y ya hasta como en sueños me veo en el Puerto de Palos, echando una lánguida última mirada a Castilla y contratando mi pasaje en algún barco, aunque sea de esos 'polleros' si los hay, para recrear su recorrido lo más fielmente posible, diciéndole al patrón de la nave:

-Lléveme a La Española, enseguida nos pasamos a La Fernandina, de ahí nos vamos a Cozumel y después a San Juan de Ulúa. ¡¿Como cuánto me cuesta, '*maistro*'?!...

-¿Cuánto...?   ¿No se le hace mucho...?.: A don Hernán le cobraron nomás once ducados y eso con todo y comida en la San Juan Bautista... claro que ya pasó algo de tiempo, pero, ¿a poco han subido tanto los pasajes, '*maistro*'?... ¡Híjole...!

Nó... 'pos déjeme ver!... (Esta última expresión es muy utilizada cuando de plano nos rajamos al hacer un trato pero no queremos dar esa impresión).

¡Sueños!...

¿Sueños?...

Así, soñando, un día me dio por escribir un libro.
(Con este son dos; como el más malo no hay a cual irle, pero, pues, lo único que tenemos de cierto es que no se puede tener todo en la vida).

Otros <u>TAPIA</u>

Dice Bernal Díaz del Castillo que durante la malhadada expedición a
Honduras, un indio llamado Tapia junto con otro cacique asumió el triste
papel de "corre-ve-y-dile" acusando ante Cortés a Cuauhtémoc de maquinar
una asonada, rebelión, motín o conspiración en contra de los españoles.
Aunque ese asunto nunca se aclaró del todo, le costó la vida al Joven Abuelo
y Bernal lo lamenta porque consideraba a todas luces injusta la acción de
Cortés.

Otro que adoptó el apellido Tapia –porque ni modo que fuera el mismo,
lo cual ya sería el colmo- fue un indio otomí, llamado Conin ('ruido' en
otomí) oriundo de Nopala ahora parte del Estado de Hidalgo. De lo poco
averiguado sobre su vida en breves visitas dominicales a la biblioteca del
Centro Cultural Gómez Morín, en la Capital de Querétaro, movido por la
curiosidad de que en la columna dedicada a Cristóbal Colón sita en la avenida
Constituyentes aledaña a dicho Centro tiene inscrito en su base, entre otros, el
nombre de un Fernando de Tapia como fundador de la Ciudad, se desprende
que en su juventud se dedicó al comercio y el trueque de sal, telas de fibra
de maguey, arcos y flechas por pieles con los chichimecas asentados en esa
región desde el siglo XII. A la llegada de los españoles, él y algo así como 30
familias entre parientes y amigos, buscaron refugio en la cañada en que hoy se
asienta la municipalidad de El Marqués, Qro. y se establecieron dedicándose
a la agricultura manteniendo relación amistosa con los chichimecas mediante
dádivas del producto de sus milpas. Al lugar lo denominaron Andamaxei –el
gran juego de pelota-.

Allí le encontró el encomendero en Acámbaro, Hernán Pérez de Bocanegra,
a su vez acompañado de un grupo de indios tarascos. Mediante dádivas lo
hizo su amigo pero le impuso vasallaje. Conin, convencido del poderío de los
españoles que aunque batallaron dominaron la poderosa capital tenochca, y
de lo poco que para defenderse podrían hacer su grupo de humildes otomíes
dedicados al cultivo de sus milpas, no opuso resistencia. Incluso aceptó
ser bautizado y adoptó por nombre el de Hernando (que pasó con el uso
a Fernando) en honor de Pérez de Bocanegra y el apellido Tapia, por su
admiración por el conquistador Andrés de Tapia.

Casado con la hija de un importante gobernante de Jilotepec, tuvo por
descendencia varias hijas y un solo hijo varón: Diego de Tapia.

En algún momento, decidió dejar Andamaxei con la idea de fundar "un muy buen pueblo" y así el 25 de julio de 1531 junto –entre otros- con Juan Sánchez de Alanís, que hizo el trazo, fundó lo que llamó Crettaro que en octubre 27 de ese mismo año pasó a ser Santiago de Querétaro.

Habiendo nacido entre 1480 y 1485, murió en 1571. Fue nombrado gobernador vitalicio y se distinguió por visionario y procurar siempre el bien de los suyos mediante una especie de reparto agrario y adelantadas obras de irrigación. La colosal estatua en su honor que recibe a los viajeros procedentes del centro del País en la autopista México-Querétaro a la altura del poblado Miranda lo presenta con su indumentaria indígena, pero es sabido que así como se convirtió en un ferviente católico, adoptó también las costumbres de los peninsulares y se hacía respetar con rigor y servir a lo señor. Demás está decir que murió en la opulencia.

Su hijo, Diego de Tapia, no fue menos. Aparte de desparramar el apellido Tapia en la región, fue también ferviente católico que a su costa erigió por lo menos un convento y otras obras afines, en los ratos libres que le dejaban los múltiples juicios en que se vió envuelto para defender las innúmeras posesiones que dejó su padre al morir.

ESTRADA

Apenas Cortés controla la situación en lo que sería la Nueva España y ya tan pronto como en Octubre 15 de 1522, Carlos V, junto con su ansiado nombramiento de gobernador, como quien dice nomás para que quede claro 'Quién es Canuto' le manda una difícil rola saltarina por el hoyo entre tercera y 'short' que se cuela alegremente en el jardín izquierdo, al designarle a cuatro oficiales de la Hacienda Real para que le ayuden en el gobierno: Alonso de Estrada, como tesorero, Gonzalo de Salazar como Factor, lo que significase, (Hugh Thomas lo traduce como administrador), Rodrigo de Albornoz como Contador y como veedor (inspector) Pedro Almíndez (o Peralmíndez) Chirino.

Estos, y otros datos afines, (menos lo de Canuto y lo de la rola) están consignados en el Libro de Hugh Thomas (ahora Lord Thomas de Swynnerton) y en el de Bernal, (aunque éste no menciona lo del 'parné', o la 'marmaja', 'l'argeant', la guita, los estipendios, los haberes, la soldada, los 'bonos' sexenales o nó, en fin, la lana que debería ganar Cortés, pero pues ni modo de exigirle que estuviera en todo Bernal. Ya con lo que hizo es bastante).

No le habrán parecido muy bien a Cortés los sueldos que tan sólo unos cuantos días después (Octubre 20) se les asignaron: Cortés (que con astucia, valor, mañas, embutes, sudor y lágrimas, sustos, espantos y 'susirios' -susidios, según el diccionario, es el vocablo correcto pero para nuestro hablar norestense es 'susirios' porque como que denota más dramatismo-, en fin a golpes y sombrerazos, todo lo consiguió): 366,000 maravedíes anuales; Alonso de Estrada (que llegaba a lo hecho, como quien dice todo 'papita' y por añadidura sin 'susirios' que le espantasen el sueño): 510,000 maravedíes por año lo mismo que los otros tres. ¿Pos qué pasó?... ¿Por qué no reclamó 'don Her'?...

En primer lugar, se supone que no reclamó porque Cortés era sobre todo un fiel servidor de la Corona. Diríamos ahora una persona institucional. Incluso alguna vez escribió a su padre que apreciaría más volver cargado de honores que de tesoros, pero ya todos sabemos que a veces decimos cosas nomás 'de los dientes para afuera'. Y en segundo, porque sabía (o se imaginaba) que no le convenía hacerlo porque Alonso de Estrada tenía vara alta.

Lo que no se imaginó fue que estos cuatro castellanos advenedizos le habrían de dar más dolores de cabeza que Pánfilo de Narváez (conocido después de su infortunio como 'El Tuerto Narváez' o 'Pánfilo Media Luz', aunque de seguro no faltó quien lo motejara como 'El Ojito' como quien se ahorra el uso repetido de la segunda vocal del idioma castellano en las dos últimas sílabas) Diego Velázquez (El gobernador de Cuba), Moctezuma, Cuitláhuac, Xicoténcatl el Joven, Cuauhtémoc y todos los aztecas juntos, aparte de los propios originados por las sospechas que sobre su conducta vendrían después con las inexplicables muertes de todos y cada uno de aquellos que en una forma u otra le estorbaran en sus vastos y ambiciosos planes o intenciones, desde luego todos los decesos sospechosamente oportunos (dice Thomas: *demasiado italianos*) incluido el de su mujer que vino de Cuba, doña Catalina Suárez, por mal nombre 'La Marcayda'. Lo bueno es que estos (sus) cuatro jinetes del apocalipsis no llegaron luego luego. Se tardaron más de un año en arribar a México, en compañía de sus familias.

Pero… ¿Quién fue Alonso de Estrada?.

Lo vamos a saber, pero, primero tendríamos que darle un vistazo a la vida de ese 'chivo en cristalería' en cuestiones amorosas, dada su naturaleza sensual, que fue el hijo de Don Juan II, Rey de Aragón, y de su segunda esposa, doña Juana Henríquez, hija de Don Fadrique, Almirante de Castilla, y que por nombre llevó el de Fernando, que nació el 10 de marzo de 1451, como a eso de las dos de la tarde, pasaditas, y que antes de cumplir sus 17 añitos ya estaba curtidito tanto en cuestiones militares como en *performances* de alcoba y disfrutaba al máximo, azuzado tal vez por las libertinas costumbres (estamos hablando de ese entonces… .¿eh?) de la soldadesca, las licencias que el ser Príncipe de Aragón la vida le otorgaba para, sin mucho recargársela, ponerle la muestra a tantos seductores que en el mundo (Terán y Montemorelos incluídos, desde luego) han sido, reales o ficticios como nuestro casi contemporáneo Juan Charrasqueado, que según el corrido 'en esos campos no dejaba ni una flor'.

De lo cual Fernandito se ufanaba. Dígalo si nó lo que escribe uno de sus biógrafos aludiendo a su matrimonio con su prima Isabel, a quien después conoceríamos como 'La Católica' la que, además de su consanguinidad, llevó como lastre al tálamo nupcial velados rumores de virago debido sobre todo a su estrecha amistad durante su adolescencia con una tal Beatriz, su coetánea, allá en Segovia:

….*"Y para que nadie dudara de la validez física del matrimonio, Fernando enseñó a la multitud de la pequeña corte, que ante su residencia de Valladolid se había congregado, la sábana nupcial manchada como garantía de la pérdida de la virginidad de la princesa"…*(*)

Ernest Belenguer / Fernando el Católico. (Ediciones Península, 1999)

(*) Si la increíble versión que se le atribuye de que, en toda su vida, Isabelita sólo dos veces tomó un verdadero baño, esa ocasión estaría más que pintada para animarse a hacerlo.

No, 'pos sí.

Nomás que antes de ese matrimonio ya había cooperado gustoso para traer al mundo a por lo menos tres hijos de los llamados 'naturales' (vocablo que me hace pensar que si así nos referimos a aquellos hijos habidos fuera de matrimonio, entonces los de un matrimonio legítimo, ratificado por las famosas 'tres leyes' en contraposición, deberíamos llamarles 'artificiales'; aunque peor estaba la cosa cuando en la época de la Colonia a los hijos de padres desconocidos o de 'paternidad disimulada' les registraban como 'hijo de la tierra' cual si fueran camotitos o rabanitos o calabacitas o lechuguitas o 'hijo de la iglesia', lo que es de pensarse que, así nomás de entrada, concitaba a los mal pensados con curitas y monjitas, o viceversa, por aquello de 'qué casualidad'):

Uno: de su relación con doña Aldonza Iborra, condesa de Evol, con el nombre de Alfonso (o Alonso) de Aragón, nacido en 1470 quien a la madura edad de siete años fue nombrado Arzobispo de Zaragoza (hay quien considera exagerado el dato y que realmente fue nombrado Arzobispo a los ocho años) y mismo que con el paso del tiempo y el adecuamiento de las circunstancias llegaría a ser Regente del Reino de Aragón. Este Alfonso salió al papá y tuvo numerosos hijos naturales y uno de sus nietos fue el duque de Gandía y general de la Compañía de Jesús, que alcanzó su lugar en la hagiografía con el nombre de San Francisco de Borja. (su Fiesta el 10 de octubre).

Dos: a una niña de nombre Juana, la que encomienda a su esposa Isabel, en compañía del mencionado Alfonso de Aragón cuando hace su testamento, (14 de julio de 1475), con motivo de su partida a una de las innúmeras batallas en que participó.

Porque eso sí, lo que sea de cada quien, en tratándose de refriegas militares, su valentía rayaba en temeridad y no se andaba con chiquitas y más de una vez salvó el pellejo por un pelito de rana a golpe de casco de su cabalgadura.

Y Tres. Alfonso (o Alonso) de Estrada, nacido también en 1470 en Ciudad Real. Habido de su relación juvenil con Doña Luisa de Estrada, adolescente casi, hija de don Fernán, Duque de Aragón (o de Estrada), figura principal del reino que incluso fue Embajador en Inglaterra y participó activamente en la 'concertacesión' del enlace de Catalina de Aragón con el canijo Rey Enrique VIII que tantas canas verdes le sacó, antes de mandar cortárselas en 1535, con todo y cráneo por cierto, al utópico (Quién le manda haber escrito 'Utopía', -libro que he tratado de conseguir, sin suerte, nomás por pura curiosidad porque ni modo que me diga como vender pinturas-) de Santo Tomás Moro, recientemente nombrado Santo Patrono de los políticos.

Esos, poquito antes o durante los primeros meses de su matrimonio con Isabel La Católica en 1469, porque después, en Nápoles, en 1500, vió la luz una su hija llamada Juana de Aragón, de extraordinaria belleza, que fue inmortalizada en lienzo nada menos que por Rafael. (No recuerdo el apellido del pintor porque, contrario a lo que recomendaba el chaparrito aquel, siempre me hago bolas, puede ser de Sanzio o de Urbino. Parece que esa obra se encuentra actualmente en el Museo del L'Ouvre, pero no estoy seguro y aparte el diccionario no dice dónde queda ese museo).

No nos debe parecer desaforada la conducta del joven Fernando pues en ese entonces (y aún ahora, creo, pues no me ha faltado ocasión de conversar con alguno que se jacta de que mujer que con él tiene sexo –adulterino y por diversión, se entiende- queda tan ahíta que no lo vuelve a pedir en seis meses) era una cosa muy natural. Un ejemplo no tuve que buscarlo muy lejos. Su contemporáneo, Fray Antonio de Guevara, brillante prosista que escribió varios libros y quien a sus doce años fue instalado como paje precisamente en la corte isabelina por las influencias de su padre gracias a que su tío don Ladrón (bonito nombre para un cortesano, vale decir burócrata) era mayordomo de la reyna y que andando el tiempo el mencionado Fray Antonio llegó a ser cronista real y aún predicador personal del futuro Carlos V, escribe con sabrosura, en su madurez, recordando con fruición su estadía en aquella corte que le permitió, además de educarse, pasarla 'chévere' como diríamos ahora, que: *"gasté mucho tiempo en ruar calles, ojear ventanas, escribir cartas, recuestar damas, hacer promesas y enviar ofertas y aun en dar muchas dádivas"*

En el mencionado libro de Lord Thomas de Swynnerton, se dá cuenta de que el Rey Fernando, ya con un pié en este mundo y el otro en el más allá, como quien dice ya 'cascabeleando' feo, recibió a Fray Bartolomé de las Casas, quien andaba dale que dale tratando de lograr convencer a quien le escuchara de que a los indios se les consideraran personas y no animales, en la Ciudad de Plasencia, (sí justo en el lugar de procedencia de Andrés de Tapia, según Thomas) con motivo de …¡adivinen!… atestiguar el casamiento de una nieta ilegítima. (¿habrá nietas ilegítimas?)
Se dice que Alfonso (para nosotros, por culpa de Bernal Díaz del Castillo, Alonso) fue reconocido en vida por Fernando V y que incluso lo nombró Duque de Aragón (y que participó, para satisfacción de su 'padre natural', como era común en aquel entonces, con entusiasmo y valor, enrolado en los tercios de Flandes al servicio de su sobrino Carlos V)

Respecto de ese reconocimiento, Bernal Díaz del Castillo, escribe: *"…y siempre el factor* (Gonzalo de Salazar -¡Ojo con él!- *le iba diciendo* (a Cortés) *que se volviese del camino que iba* (cuando la campaña de Honduras) *y que mirase a quien dejaba en su poder; que tenía al contador* (Rodrigo de Albornoz) *por muy revoltoso y doblado, amigo de novedades, y que el tesorero* (Alonso de Estrada) *se jactanciaba que era hijo del rey católico…"*

Y en otro capítulo: *"…Y quiero volver al tesorero, que, como se vió tan favorecido de su majestad, e haber sido tantas veces gobernador, y ahora de nuevo le mandaba su majestad gobernar solo,* (ya que durante algunos meses lo hizo al alimón con Gonzalo de Sandoval, pero, como era de esperarse, salieron contrapunteados) *y aún le hicieron creer al tesorero que habían informado al emperador nuestro señor que era hijo del rey católico, y estaba muy ufano, y tenía razón; e lo primero que hizo fue enviar a Chiapa por capitán a un su primo, que se decía Diego de Mazariegos…"*

Y este Diego de Mazariegos, agrego yo, lo primero que hizo fue adelantársele a su favorecido primo y cincelar para siempre su nombre en los bronces de la Historia, En 1528 (no recuerdo la fecha exacta, pero debió ser entre el primero de enero y el 31 de diciembre de ese año) hizo una redistribución de los naturales de esa región concentrándolos en lo que llamó Chiapa de Indios (o Chiapa de Corzo), y cerca de allí fundó otra villa con el nombre de Chiapa de los Españoles -de ahí el plural en el nombre actual del Estado- que con el tiempo, y después de varios cambios de nombre, devino en San Cristóbal de las Casas, para que el mundo supiera más o menos a donde mandar a los nostálgicos del Che Guevara, de Sandino o de Edén Pastora, el Comandante Cero, para tomarse fotos con el galanazo del Subcomandante Marcos. (Es lógico que no sea atractivo posar, por bonito que sea el lugar, ante las humildes tumbas de los policías de Ocosingo que tuvieron el mal gusto de escoger ese modo de ganarse la vida para perderla por la mala idea de encarar inermes su deber en un momento y lugar equivocados).

Lo ingrata que es la vida: Desde entonces, por lo menos en esa región y aunque sea una vez al año, se recuerda al Capitán Diego de Mazariegos que vino por acá a las pegadas con su primo.

A Alonso de Estrada, ¿dónde y cuándo?.

Hugh Thomas, cita a Alonso de Estrada de pasadita:

"…Pocos prestaron entonces atención a otra cédula del 15 de octubre que nombraba a cuatro personas para ayudar a Cortés en su gobierno de la Nueva España: Alonso de Estrada, del que se decía que era hijo ilegítimo del rey Fernando, como tesorero: Gonzalo de Salazar

como administrador; Rodrigo de Albornoz, como contador y Pedro Almíndez Chirino, como veedor…"

Pues bien, Alonso de Estrada contrajo matrimonio con Mariana Gutiérrez Flores de la Cavallería, sin duda emparentada con el vicecanciller aragonés Alfonso de la Cavallería, de los principales cortesanos, dado su cargo.

(A ella alude Bernal: *"… la mujer del tesorero, que se decía doña Marina Gutiérrez de la Caballería (sic), por cierto digna de buena memoria por sus muchas virtudes, como supo el desconcierto que su marido había hecho en sacar de las jaulas al factor y veedor y haber desterrado a Cortés, con gran pesar que tenía, le dijo a su marido: 'Plega a Dios que por estas cosas que habéis hecho no os venga mal dello'…"*)

El matrimonio debió haberse efectuado alrededor de 1490-95 porque su hija mayor, Ana Estrada de la Cavallería, en 1511, casó con Juan Alonso Sosa Cabrera. Hijo de Don Lope de Sosa y de doña Inés de Cabrera.

A este Don Lope de Sosa, ya mayorcito él, persona principal que incluso había sido gobernador en las Islas Canarias, como que sintió que 'después de vejez, viruela' y le entró la comezón de moda de pasarse a Indias. Consiguió ser nombrado a relevante cargo en Panamá y gustoso se embarcó. La comezón no le duró mucho; bueno, por lo menos lo del trayecto, pues murió precisamente el día de su arribo. El broncón que se hubiera armado si en su testamento hubiera dejado estipulado que lo sepultaran en Canarias o que doña Inesita, de sobrevivirle y quedado allá, se hubiera pronunciado con un lastimero 'yo quiero a mi viejo acá'..

Por lo menos otras cuatro hijas del tesorero Alonso de Estrada casaron en Nueva España con sendos personajes de la Colonia.

"…Dejemos de hablar de blasones pasados, y diré cómo el tesorero Alonso de Estrada en aquella sazón casó dos hijas, la una (Bernal no lo menciona pero su nombre era Luisa Estrada de la Cavallería)

con Jorge de Alvarado, hermano de don Pedro de Alvarado, y la otra (Idem, Mariana Estrada de la Cavallería) *con un caballero que se decía don Luis de Guzmán, hijo de don Juan de Saavedra, conde de Castellar...*" Bernal. Cap. CXCIII y luego Cap. CCII: "*...el virrey Antonio de Mendoza y la gran audiencia de México enviaron a descubrir las "siete ciudades", que por otro nombre se llama Cíbola, y fue por capitán general un hidalgo que se decia Francisco Vázquez de Coronado, natural de Salamanca, que en aquella ocasión se había casado con una señora que, además de ser virtuosa, era hermosa, hija del tesorero Alonso de Estrada* (Id. Beatriz Estrada de la Cavallería) *y en aquel tiempo estaba el Francisco Vázquez por gobernador de Xalisco...*"

y lo hace garras en el CXCVIII: "*...Este Francisco Vázquez de Coronado fue desde a cierto tiempo por capitán a la conquista de Cíbola, que en aquel tiempo llamaban "las siete ciudades", y dejó en su lugar en la gobernación de Xalisco a un Cristóbal de Oñate, persona de calidad, y el Francisco Vázquez, era recién casado con una señora hija del tesorero Alonso de Estrada, y demás de ser llena de virtudes era muy hermosa, y como fue aquellas ciudades de la Cíbola, tuvo gana de volver a la Nueva-España y a su mujer, y dijeron algunos soldados de los que fueron en su compañía, que quiso remedar a Ulises capitán greciano, que se hizo loco cuando estaba sobre Troya para venir a gozar de su mujer Penélope; así hizo Francisco Vázquez Coronado, que dejó la conquista que llevaba, y le dio ramo de locura y se volvió a su mujer, y, como se lo daban en cara de se haber vuelto de aquella manera, falleció dende a pocos días...*"

(Hay otra versión respecto al verdadero motivo de su regreso, aparte de la natural desilusión por no haber encontrado los fabulosos tesoros tras de los cuales se supone iba Coronado. Esta, del ya mencionado Juan Carlos García Regalado, reportero y escritor salmantino contemporáneo, que se dio a la tarea de rehacer el viaje de su coterráneo explorador 500 años después. En su Libro "Tierras de Coronado" le da prioridad al hecho de que se dio tan santo ranazo al caer de su caballo, del cual nunca se repuso del todo, que el pobre quedó, como decimos ahora, si acaso "bueno pa' los mandados" y pues qué se le hace: ... sic transit gloria mundi, y que no se murió 'dende a pocos días' de su regreso, todavía duró su tiempecito.)

Abundando en el tema, al fin que lo que nos sobra es tiempo, lo más probable es que el mencionado García Regalado se haya valido de la versión de aquel cronista -émulo de Bernal Díaz del Castillo que relató las hazañas de Cortés-, llamado Gaspar de Villagrá (o Villagrán) que como Capitán acompañó a Don Juan de Oñate en la expedición que hizo posible el descubrimiento y población de Nuevo México y que se diera a la tarea de relatar esa epopeya, pero en verso, en su libro *'Historia de Nuevo México'* y al referirse a ese acontecimiento (lo más probable apoyándose a su vez en otras fuentes, pues el nació por lo menos 15 años después de aquel suceso), en el *Canto Tercero* lo hace así:

> *Y haziendosse así, salio en persona*
> *En vii bravo caballo poderoso*
> *Y en una escaramuça que tuvieron,*
> *Batiendo el duro suelo desembuelto,*
> *Desocupó la silla de manera,*
> *Que del terrible golpe atormentado,*
> *Quedó del todo punto f(s)in juizio.*

Y, pues, obviamente, Don Paco no se bajó a escupir.

Se sabe de otra su hija, de nombre Francisca Estrada de la Cavallería, que casó con un tal Alonso Avalos de Saavedra, pero como que ambos no merecieron figurar muy relevantemente en la historia (y qué bueno, porque ya ven los milagritos que luego le cargan a uno).

Varones: el segundogénito, de nombre Juan Alonso, que debió quedar en España y el 'coyotito' de nombre Luis, de los que no se tienen (tengo) mayores referencias.

En todo caso la Naturaleza le cobraba a su modo al católico Rey Fernando sus deleites de fornicio dándole como descendencia al matrimonio de su hijo 'natural' mayoría (5-2) en hembras puestas (y me imagino que más que dispuestas) para tan 'cruel suplicio', al servicio de tan jubiloso y estimulante ejercicio. Por mi parte, esta reflexión la dejo en el puro inicio, mejor ya no le sigo, ni le busco más resquicio   -como diría Memo Ríos- porque malicio que se me puede convertir en vicio al que no le veo (¡ah, qué oficio!) el mínimo beneficio, así sea real o ficticio. …¡Aplausos!…

Hay noticias también de otro su hijo, de nombre Bartolomé Estrada, (puede que no sea el mismo, pero un colonizador de ese nombre formó parte de los que descubrieron y poblaron lo que ahora es Jalisco a las órdenes del maloso y pocas pulgas de Nuño de Guzmán) habido de su relación (¿paternal maleficio?) con una dama de nombre Ana Rodríguez Anahifa, no se sabe si antes o durante su matrimonio con doña Mariana. En fin…

ROMERO

Una de las ventajas que nos ofrece 'navegar' en la Red, es decir en Internet, es que escudriñando con algo de paciencia (y en nuestro caso con bastante dado que ni para cuando dominemos con habilidad el hacerlo, pues pareciera que para 'navegar' nos tocaron dos remos izquierdos y para colmo barca sin timón), encuentra uno de vez en vez algún dato de interés.

Tal es el caso de habernos dado cuenta de la existencia de alguien de nombre Pedro Romero de Maluenda, que según esto vino acompañando a Pánfilo de Narváez en su fracasada intentona de poner en orden a Cortés y a quien literalmente le costó un ojo de la cara pues para cuando los últimos humos de la pólvora gastada en la refriega entre los contingentes de ambos capitanes se disiparon -lo que no tardó mucho, pues la escaramuza sucedió en la madrugada y para colmo estaba lloviendo- el pobre de Narváez se encontró derrotado, encadenado y, para acabarla de amolar, tuerto.

Según investigaciones de algún otro desocupado, gabacho por cierto, pero este interesado en conocer sus raíces judías y publicadas en Internet, Pedro Romero de Maluenda, nacido en 1465, de familia de mercaderes, originario de Burgos, acompañó a Narváez con un empleo de algo así como encargado en jefe de abastecimientos de la flota. Como buen comerciante, viendo a su jefe derrotado y maltrecho, ofreció sus servicios a Cortés y éste, que si de algo andaba escaso para esas fechas era de personal, de ser posible con algo de lealtad a su empeño, así fuese comprada, ni tardo ni perezoso le dio chamba. En el libro de Bernal Díaz del Castillo no le encontramos y vamos que Bernal fue extenso y preciso para con su relato. Pero en el de Hugh Thomas, nuestro 'colega' ...(no se ría el Lector: si él es historiador de tiempo completo, profesional y por convicción, yo lo soy por ratitos, 'al ahí se vá' y por afición y salvo esas y una que otra pequeña diferencia que pudiera haber entre nosotros, como por ejemplo que yo venda pinturas y él nó o que el sea Lord y yo nó (en esto sí le reconozco cierta ventaja, pero gracias tal vez a que yo no soy inglés), hacemos lo mismo, como por ejemplo haber acudido ambos al Archivo General de Indias en Sevilla en busca de datos, sitio en el cual, según sus propias palabras, él tiene las puertas abiertas y la total colaboración del personal, cosa que agradece en su Libro, y el mismo que visité en 1989 y del que, como lo relaté en mi ¡Ay, Felipe V...Cómo me traes...!, poco faltó para que me echaran a patadas, sobre todo por parte del guardia aquel que desesperaba por salir del recinto para fumar, pero cuya obligación en ese momento era vigilar a los entonces únicos visitantes –mi hijo y yo- y al que hice desesperar a propósito, haciendo tiempo, perdiéndolo, fingiendo interés por mapas y documentos que la verdad ni veía, menos les entendía, en aquellas vitrinas, mientras decidía a dónde ir al ver mis planes frustrados. –Terminé organizando mi propia tertulia bebiendo cerveza, probando el jamón serrano y conversando con los meseros y el propietario (a quien bauticé, sin más, como Don Hilarión, en recuerdo del boticario aquel de la Zarzuela -o Pasa-Calles, o Sainete-'La Verbena de la Paloma' por lo enamoradizo) de aquel entrañable e inolvidable, para mí, restaurante Los Tres Reyes, sito frontero al Hotel en que nos hospedábamos en Sevilla-)... sí.

Y lo cita en varias ocasiones: '...*El encargado del economato de Narváez era Pedro de Maluenda, comerciante conocido de una familia de conversos de Burgos, quien parece haber trabajado tanto para Narváez como para él mismo...*' / '...*Pedro de Maluenda, intendente de Narváez, se ocupó vendiendo algunos de los productos que había traído por su cuenta...*' / '...*En la villa Rica de la Vera Cruz, Narváez escaparía e iría a Cuba en una carabela de su ex intendente Pedro de Maluenda (si bien éste ya ostentaba el cargo de intendente de Cortés...*' / '...*No quedó piedra en ella por quemar y destruir" escribía a su socio de Cuba Hernando de Castro, Pedro de Maluenda y agregaba "cierto ay tanta diferencia destar en esta villa a estar la tierra adentro como destar en el infierno o paraíso"…/… 'La mayoría de los mercaderes que trataron con Cortés, prosperaron. La familia de Pedro de Maluenda, que vivió el cerco de Tenochtitlán, se ocupaba todavía de negocios en Sevilla a fines del siglo XVI…"*

Otro historiador, Francisco López de Gómara, contemporáneo de Hernán Cortés -el mismo al que cuestiona Bernal Díaz del Castillo por las imprecisiones en que incurre en su libro La Conquista de México y que atribuye al hecho de que el autor no fue testigo presencial de los acontecimientos sino que se basó en relatos del propio Cortés para escribirlo y según algunos muy probablemente en los apuntes de Andrés de Tapia- declarado panegirista del Conquistador, tanto así que lo hizo por encargo y por ello recibió 'quinientos ducados de trescientos setenta y cinco maravedís cada ducado' por disposición del segundo Marqués del Valle a quien le dedicó su obra, después de muerto el principal protagonista, le dá unos cuantos renglones: *…y Pedro de Malvenda, criado de Diego Velázquez, que venía como mayordomo de Narváez, recogió y guardó los navíos y toda la ropa y hacienda de entrambos, sin que Cortés se lo impidiese….*

No le hubiera dado importancia a este personaje si no es que para la quinta generación, aparecía el nombre de Vicente Saldívar Reza:

Pedro Romero de Maluenda (1465- --¿?--)
+ Catalina de Gómez de Lerma de la Cadena
/
Catalina Maluenda de la Cadena
+ Gonzalo Fernández de Guadalupe de Salazar
/
Catalina Salazar de la Cadena
+ Ruy Díaz de Mendoza
/
Magdalena Mendoza de la Cadena
+ Vicente de Oñate Saldívar
/
Ana de Saldívar Mendoza
+ Juan Reza Guerra
/
Vicente Saldívar Reza (1597, Zacatecas)

y a este amigo le necesitaremos cuando avance nuestro relato, por lo pronto le pediremos que pase a la imaginaria. (Para aquellos que no tengan idea de lo que es la imaginaria, trataré de explicarles conforme a mis vivencias de mi período verde olivo: Es de rigor en los cuarteles militares designar diariamente un cuerpo de guardias que se hagan cargo del resguardo de las instalaciones durante 24 horas contínuas y por ese lapso y por el solo hecho de ser así designados son investidos de poderes especiales respecto a sus pares de acuerdo al ceremonial militar. Por lo regular lo conforman un Pelotón a cargo de un Oficial que tiene el auxilio de un Sargento y uno o dos Cabos y de ocho a nueve elementos de tropa. Para un eventual relevo de emergencia de ese cuerpo de guardia principal, se nombra uno de 'guardia imaginaria' que cumple las mismas funciones pero en el interior de las instalaciones y de forma digamos un poco laxa. La imaginaria releva a la guardia principal al romper el día y desde luego ya hay otro grupo que lo sustituye en la 'imaginaria'. Lo cierto es que cuando se nos designaba para la imaginaria dábamos por hecho que no saldríamos del cuartel en por lo menos 48 horas. Pero no sé para qué me meto en tantos problemas, tan fácil que hubiera sido dejarlo en 'de él luego nos ocuparemos').

Por esas fechas y como luego dicen 'ya entrado en gastos' ($161.50 por las fotocopias incluyendo el costo de envío por MexPost), se me ocurrió solicitar por *e-mail* al Archivo General de la Nación copia de un artículo aparecido en su Boletín del segundo trimestre de 1964 (del cual me enteré por Internet) y que se refería al Conquistador Andrés de Tapia y su Familia.

Sí alguna vez admiró Usted a la burocracia alemana por su rectitud y meticulosidad, a los gringos por su pragmatismo y honestidad, a los franchutes por su melosa cortesía, le tengo buenas noticias. La mexicana no les vá a la zaga. De enviarles mi correo electrónico un domingo, día inhábil, tuve respuesta el siguiente martes indicándome los pasos a seguir. Aún más, para el jueves, antes de responderles su primer comunicado, se me informaba que el artículo solicitado del Boletín del AGI del 64 tenía una continuación en el Boletín correspondiente al tercer trimestre del año de 1965. *"Son tantas copias y el importe es tanto. Cuestión de depositar en Bital y hacérnoslo saber, etc. etc."*

En menos de tres semanas, y de rebote, pues el interés principal era escudriñar algo más de la vida de Andrés de Tapia, estaba dándome cuenta de que el mencionado Pedro de Maluenda fué nada menos que el suegro del revoltoso Factor Salazar (su nombre completo era Gonzalo Fernández de Guadalupe de Salazar, pero para nosotros, acá en confianza, puede quedar en 'Chalo' Salazar, o simplemente en 'El proto-pariente' Salazar) por su casamiento con Catalina Maluenda de la Cadena.

"…Era el referido Factor hijo del Dr. Don Francisco Fernández de Guadalupe, médico de los Reyes Católicos, y de doña Catalina de Salazar. Su esposa, doña Catalina de la Cadena fue hija del Licenciado Pedro de Maluenda y de doña Catalina de la Cadena, vecinos de Sevilla…."

J. Ignacio Rubio Mañé.(Apuntes proporcionados por el genealogista mexicano don Ignacio de Villar Villamil.). Boletín del Archivo General de la Nación. Jul-sept 1965.

Cuando llegó a México, 'Chalo' trajo como su asistente a un jovencito que muy pronto le diría *quítate que 'ai te voy'* en eso de prosperar y hacerse 'haberoso' y persona principal. Su nombre Cristóbal de Oñate. (De haber existido José Alfredo en ese entonces, a él le hubiera dedicado aquello de 'Pero sigo siendo El Rey' pues lo que es en Xalisco y Zacatecas hubo un tiempo en que nomás sus chicharrones tronaban).

Por eso no se me hace raro lo que afirma un investigador gringo de que la hija de Chalo, Catalina Salazar de la Cadena, después de tener a su hija con Ruy Díaz de Mendoza, (a quien nomás por eso de lo de Ruy Díaz me imagino con un enorme parecido a Charlton Heston cuando llevó a la pantalla la vida de El Cid Campeador, Rodrigo Díaz de Vivar, pero que, como todo por servir se acaba, de forma lastimera diera motivo para que Catalina le reprochara al estilo de Paquita la del Barrio dado que ni para cuándo fabricaran el Viagra o se inventaran las bombas de vacío cantándole aquello de: 'Pero qué mal te juzgué' y reclamándole..'¿me estás oyendo, inútil?'-…) si no enviudó, cayera en el pecado de bigamia (quien sabe si en ese entonces también se considerara delito, por lo pronto creo que, deleite, sí, si tomamos en cuenta lo que nos dice el historiador francés Bartolomé Bennassar respecto a las poco edificantes costumbres de algunos en aquella época, pues, según esto, la esposa del Factor Salazar, la madre de Catalina, se pavoneaba en público como la amante del rijoso Nuño de Guzmán, presidente de la Primera

Audiencia a cuyos miembros muy 'open mind' les dio por inaugurar en este hemisferio la ahora llamada onda 'swinger', hoy tan de moda, que no es otra cosa que el intercambio de parejas para el disfrute sexual haciendo a un lado eso de los valores morales y zarandajas anexas) al casarse con el dineroso Oñate abandonando al buenazo de Ruy.

"…Cristóbal de Oñate era vasco, natural de Vitoria, hijo legítimo de Juan Pérez de Oñate y de Osaña González, hijosdalgo. Casó con Catalina de Salazar, natural de Granada, hija del Factor de la Real Hacienda, Gonzalo de Salazar, que citamos antes. Fue Gobernador de Nueva Galicia y Adelantado de Zacatecas. Su hijo Juan de Oñate conquistó Nuevo México y se internó en Texas a principios del siglo XVII…"

J. Ignacio Rubio Mañé. (Véase Guillermo Fernández de Recas. *Cacicazgos y Nobiliaria Indígena de la Nueva España*. (México, 1961). Mismo Boletín.

FARIAS

Permítaseme relatar lo que como en sueños veo, recordando así como a ráfagas o brochazos algo de lo leído en diversas fuentes en todos estos años, a la manera de zahorí (o de 'saurino', como decíamos antes, vocablo más apropiado de nuestro hablar norestense) aunque se trate de cosas pasadas y no futuras pues ya ven lo difícil que es atinarle a lo por venir (Si no lo creen, métanle una lanita a la Lotería Nacional, al Melate, a los Pronósticos Deportivos, al Chispazo, al Sorteo del Tec, o al de Caritas, etc. etc.):

Veo a don Luis Carvajal y de la Cueva. Portugués, de padres sefarditas, conversos, de aquellos conocidos como Cristianos Nuevos en la Península. Por mal nombre 'Marranos'. Después de servir a su País, incluso en Africa, por ahí por Angola, en el tráfago de esclavos, tan de moda en ese entonces (De haber nacido en este tiempo, gran negocio haría Don Luis haciéndole al descubridor y representante de otro tipo de modernos esclavos que si bien no aptos para mineros o recolectores de algodón u otra clase de servidumbre en el Nuevo Mundo pero con talento futbolístico, se alquilan para reforzar las diversas selecciones europeas que de un tiempo a acá les ha dado por contratar negros para reforzar sus equipos para desconcierto de los integrantes de no pocas otras selecciones mundiales que de repente se preguntan ¡y éstos qué?. Así, de aquella 'naranja mecánica' holandesa de puros güeritos y la mayoría ñangos pero hábiles que esperaban confrontar, queda sólo el recuerdo pues ahora la conforman mayoría de corpulentos 'holandeses antillanos' que nomás azulean en la cancha y todo lo quieren conseguir sembrando el terror e imponiendo su fuerza. Lo malo es que siguiendo el ejemplo, la mayoría de los países europeos se han contagiado y haciendo a un lado su orgullo de raza anteponen el interés deportivo. Para colmo, la misma selección de Alemania ya cuenta con por lo menos uno para desdoro de los otrora orgullosos arios y que si don Adolfo fuera redivivo, nomás de puro coraje pues de por sí no haya cómo deshacerse del hostigoso fantasma de Jesse Owens, readoptaría su nacionalidad austriaca cuyo seleccionado por lo pronto no ha caído en esa tentación) eso sí, con buen cargo, si ser tesorero de una compañía en ultramar es buen cargo, por angas o mangas decidió que como que se aburría mucho y pasóse a la Nueva España a practicar el deporte de moda: hacer la América. Por un buen espacio se estuvo en Pánuco donde se hizo de una más o menos buena hacienda que le compró a un tal señor de Sosa (o de Souza).

Anda de acá para allá, como quien no sabe ni lo que quiere. (En su novela histórica, publicada con motivo de la conmemoración de los 400 años de la fundación de Monterrey, "El Reyno en Celo", Mario Anteo le moteja 'El Loco de la Huasteca'). Le acometen de nuevo las ansias de trascender haciendo algo de importancia y que perdure y se nos retacha a la Península para ponerse a las órdenes de Don Felipe II. Allá por 1574. Quien sabe como le hizo pero consiguió que el monarca español le comisionara para venir a descubrir nuevas tierras, a su coste, desde luego, en el Nuevo Reyno de León (a las cuales, nada zonzo, ya les había dado sus caladitas). Incluso quedó estipulado que a partir de Pánuco al Norte y de Zacatecas al Oriente disponía de un buen espacio para explorar, y se le nombre Capitán General y Gobernador de las tierras que descubra y ponga al amparo del gobierno de la Nueva España.

Para que no se engolosine, se le pone coto: 200 leguas en cualquiera dirección, con excepción del Sur, porque eso no tiene chiste porque ya todo, o casi todo, está hecho, es decir descubierto y poblado, a partir de los puntos ya mencionados o hasta llegar al mar océano, lo que ocurra primero.

Como buen descendiente de judíos, sopesa que la empresa le es negocio y acepta las condiciones –de todas maneras no hay de otra- a pesar de que tiene que costear de su bolsa la expedición.

La embarcación llevará el nombre de Santa Catalina en honor a su madre, que se llama precisamente así. (Catalina de León y su padre Gaspar de Carvajal. El se declara natural de Benavente y según el diccionario Benavente es una villa de Zamora, en España, por lo que eso de portugués... mmmh). A su esposa la deja en España; no se sabe si a causa de su nombre pues se llama Guiomar, a que anden disgustadones, a que todavía no se inventen las pastillas contra el mareo y ella no soporta navegar o a que don Luchito tenga una de repuesto en su hacienda de Pánuco. En todo caso, esta es una empresa para hombres.

(No se puede decir que don Luis fue muy riguroso en cuanto a la selección del tipo de personas de las que se hizo acompañar, pues los que saben dicen que la mayoría eran, aparte de sefarditas o cripto-judíos, de no muy buena reputación; como muestra está el de un tal Aguilarejo, de nombre Francisco Aguilar, quien al igual que don Luis ya había estado antes en la Nueva España pero fue regresado a la Península de no muy buena manera pues a resultas de un pleito que sostuvo en las minas de Sombrerete en donde resultó vencedor al cortarle una mano a su adversario -un tal Manuel Sánchez, a quien por añadidura expuso a que sus otros malquerientes pudieran apodarle el 'quince uñas'- fue condenado a galeras pero, a diferencia de aquel sentenciado a lo mismo que dijo a Don Quijote que no pudo eludir la condena 'por falta de diez ducados para untar la péndola del escribano y avivar el ingenio del procurador' éste sí contó con 'algunos dineros y el favor de una su madre para librarse de ellas'. Al tal Aguilarejo le urgía regresar a México para reunirse con Petronila Ruiz, sirvienta de, sí, doña Inés de Tapia y su esposo Francisco de Sosa que ya vivían en ese entonces en el Valle de Súchil en lo que hoy es Durango -donde también residían Juan Navarro y su familia que más adelante habrán de encajar más de una vez en este relato-. Los nombres de doña Inés y su esposo quedarían embarrados en los expedientes de la Inquisición pues la dicha Petronila Ruiz fue encausada por haberse casado dos veces. Me imagino que ido el tal Aguilarejo, con quien Petronila fue casada a la fuerza por sus patrones, según su dicho en el proceso, el sastre Luis de Medina, la sedujo con sus ... puntadas)..

Claro que su embarcación no navega en solitario; en ese entonces hacerlo así era casi tan peligroso como caminar por las calles del D F hoy día; las incursiones de los corsarios, como aquel Jean 'quien-sabe-qué' que se hizo del oro enviado por Cortés a los monarcas españoles, están en su apogeo y se les teme; Don Luis lo hace a las pegadas con la flota que traslada al nuevo Virrey de la Nueva España, don Lorenzo Suárez de Mendoza, por más señas Conde de La Coruña, mismo que no mucho después le haría la vida de cuadritos a Don Luis por lo que hoy llamaríamos celos profesionales. Se separa de la flota en Veracruz y prosigue su viaje a Tampico.

Ya llegó a Tampico. Quedaráse un buen tiempo a la orilla del Pánuco, en su hacienda, como agarrando valor y haciendo los preparativos de rigor.

Ya está por acá. Es 1582. El 22 de Abril (así reza en el frontispicio del Palacio Municipal de dicha población actualmente, si están equivocados, ni modo; único dato que recabé cuando candorosamente la visité, a la manera de visita de doctor, una Semana Santa que es cuando más tiempo dispongo para esos menesteres, con la intención de investigar algo sobre los Longoria en el archivo parroquial de la iglesia San Gregorio Magno, sólo para que me dijeran que los archivos sobrevivientes de esa época se encuentran en el Arzobispado de Monterrey. Nó, ¡pos ya sabrán!) funda la población que hoy conocemos como Cerralvo con el nombre de León, quizá recordando su infancia en Sahagún en el viejo reino de León de la Península Ibérica.

Lo puebla.

Sigue con sus afanes y descubre el sitio de los Ojos de Agua de Santa Lucía que ya era conocido de nuestro primer galán, explorador, descubridor y conquistador –esto último sí que en todas sus acepciones- Alberto del Canto, quien se le adelantó en 1577 pero los bárbaros indios naturales de esta región forzaron a pasarse a Saltillo, que es un sitio más seguro, a los asentados por Del Canto. Los que deja Don Luis, correrán suerte similar.

Pero antes, rebautiza el lugar con el nombre de San Luis, Rey de Francia. Me imagino que de esa manera trató de disfrazar un auto-homenaje imponiendo oblicuamente su nombre al lugar re-descubierto.

(Le hubiera caído de perlas este nombre a lo que ahora es Monterrey, pues su famoso corrido comienza diciendo: "Tengo orgullo de ser del Norte…del mero San Luisito, porque de ahí es Monterrey…" pero el 'San Luisito' a que se refiere el corrido corresponde a un antiguo barrio de la Colonia Independencia, poblado en su mayoría por potosinos que vinieron a principios del siglo pasado para aportar su conocimientos en el tallado de la cantera durante la edificación del actual Palacio de Gobierno y de paso su esfuerzo para el engradecimiento de la empresa pionera Fundidora de Monterrey).

Uy!!, veo que a Don Luis se le hace bolas el engrudo porque lo acusan de maltrato a los indios que captura para venderlos y proveer de mano de obra barata a las minas tipo maquiladoras de Zacatecas, tal vez añorando su pasado de negrero en Africa.

Se defiende como puede.

Su pasado le condena. No, no es el título de una película con Andrea Palma, es su ascendencia judía (de don Luis, no de Andrea) que hace verosímil el que también se le acuse de 'prácticas judaizantes' por parte de un ambicioso cura despechado, de quien nomás para que sienta, esté donde esté, lo que es el despecho ajeno –y el que más duele porque no sabe uno ni qué lo provocó- no me voy a acordar ahora de su nombre, y por culpa de una sobrina de Don Luis de nombre Isabel que salió lengüilarga (y ateíta, para colmo, o por lo menos poco o nada católica) y se le aprehenda y se le lleve a México, fijándole la Ciudad por cárcel.

Escapa. Se dirige al norte y llega a Almadén (hoy Monclova).

Veo como se encabrita el Virrey y manda por él.

Delega Don Luis su función, mientras trata de arreglar el asuntito, en su amigo Diego de Montemayor y un tal Castaño, (creo que de nombre Gaspar) pero éste último salió medio pata de perro, tal vez espoleado y aguijoneado por rumores –y quizá tratando de emularla y superarla- de la hazaña de Vázquez de Coronado allá por 1540 cuando al frente de una expedición trató de localizar las míticas "siete ciudades de Cíbola" y, dejándole tirado el changarro, se larga con toda su parentela y otros pobladores en busca de mejores tierras a latitudes de lo que ahora conocemos como Nuevo México, territorio que nó pertenece más a México a raíz del tratado Guadalupe-Hidalgo de 1848. (Sólo para que al final sea aprehendido por un tal Capitán Morlete, enviado del nuevo Virrey a quien, en cuestiones de descubrir y poblar tierras, esos *pelaos* con iniciativa propia no le eran de mucho agrado y lo destierre a latitudes en los que mucho tiempo después nomás los chicharrones de Chiang Kai Sheik y Mao Tse Tung tronarían).

Veo como Don Luis es reaprehendido, pero ahora lo encadenan como para que escarmiente y se le condena a destierro.

Mientras espera la sentencia, muere en prisión en 1597. Dicen que de puro pesar.

Veo también como el Lector, meneando impaciente la cabeza, se pregunta qué tiene qué ver todo esto con lo de Farías.

Allá voy. Lo que pasa es que para llenar con cierto decoro un Libro que por lo menos arañe las 200 páginas no es *'enchíleme otra y hágamela macho'*. Además, hay cosas que, aunque de nada nos sirvan, las tiene uno que platicar porque luego se le olvidan.

Don Luis no vino solo en la urca Santa Catalina. Alguien tenía que ayudarle en la chamba y para cumplir con el compromisón que se echó con Don Felipe II. Dentro del grupo de familias, sefarditas o nó, de sus seguidores que le acompañan en tan azarosa empresa viene nada menos que **Juan de Farías** (y si no vino con él por acá se le unió pues por el año de 1588 era regidor perpetuo de la mencionada Almadén gracias al nombramiento de Don Luis. Tampoco el mencionado Aguilarejo aparece entre los enlistados para acompañar a Don Luis aquel año de 1580 según el Catálogo de Pasajeros a Indias de esas fechas, a menos que se trate de aquel Francisco de Aguilar de Sotomayor que el 28 de mayo se enlistó como criado del Conde de la Coruña o de que ambos lo hubieran hecho de contrabando -Nomás por no dejar, se ponen las listas al final-).

Voy a descansar un ratito, porque como que la práctica de este oficio de 'saurino' –actividad que requiere portar como prendas indispensables para quien lo ejerza, según lo leído aquí o allá o visto en alguna que otra película por ahí para lograr algo de verosimilitud en sus predicciones o augurios, por lo menos una como túnica, un poco mas holgada que una sotana y de preferencia de seda y de color algo así como 'chedrón' y encasquetarse un turbante adornado con vistosas plumas y que luzca al frente una joya, que bien puede ser un gran rubí. Lo de la túnica, como quiera, no importa, a todo se amolda uno. Pero lo del turbante, eso sí que incomoda, sobre todo para quien nacido campesino no conoció en su niñez más que humilde guaripa; que un poco más grandecito le dio por imitar en su indumentaria a los 'maletillas' o aspirantes a novillero, sintiéndose otro Enrique Vera derritiendo con su garbo a las mocitas, como lo hacía aquél con la muy tocable en ese entonces Sarita Montiel en la película 'El último Cuplé' con una elegante cachuchita a rayas rojas y negras para después pasar en la época verde olivo de su juventud a la clásica 'cuartelera' o aquella gorra de visera llamada 'moscova' que portaba con no menos gallardía que un oficial de la SS alemana paseándose orondo con el uniforme lleno de ornamentos (como el cordón azul, distintivo del Servicio de Transmisiones, del cual pendía un silbato,que por cierto jamás usó, que guardaba en la abotonada bolsa derecha de su camisola) en cuanto lugar le fue asignado para desarrollar su labor, pero mayormente en Córdoba y Orizaba, Ver. quedándole desde entonces, como quien dice por orgullo de clase, tintes de admiración y respeto y aún de idolatría, hacia sus 'colegas' de aquella época, mílites de diversas naciones e ideologías a los que el uniforme les quedaba pintado, tales como MacArthur, Perón, Tito, etc. Con excepción de los rusos, casi todos regordetes y mofletudos, si acaso se salva alguno, sería el cosmonauta Titov) -es muy exigente y desgastante y le queda a uno la mollera seca y la vista, a falta de bola de cristal en cual fijarla, de tanto ver hacia adentro, algo cansadona pues como que no sé qué tengo en mis ojos que puros borrones veo.

Mejor me voy a apoyar en el libro de Don Israel Cavazos Garza "EL NUEVO REYNO DE LEON Y MONTERREY a través de 3000 documentos (en síntesis) del Ramo Civil del Archivo Municipal de la ciudad". En su página 62 nos dice que en el expediente 31, fol 1, está asentado lo siguiente:

fol 1) *Merced al* **Capitán Juan de Farías**, *vecino de Monterrey, de cuatro caballerías de tierra en los llanos del Topo. A lindes de Jusepe de Treviño "mi hermano", con agua de la presa del Río de Santa Catalina y de los Nogales, un sitio de estancia de ganado mayor, a lindes del Padre Baldo Cortés en el río de la Pesquería chica, delante del Topo, por la parte de abajo. Otra estancia en el río de San Juan, a lindes de Jusepe de Treviño "mi hermano". Un sitio de herido de molino con agua de Santa Catalina y Los Nogales e indios. Ante el gobernador Diego de Montemayor y Diego de Montemayor, escribano. Monterrey, 20 de noviembre de 1603.*

Vaya, como que matamos dos pájaros de un tiro. La confirmación de las andanzas por estos rumbos del Capitán **Juan de Farías** y la primera aparición en los registros del Nuevo Reyno de León del apellido Treviño.

Vol. 5, Esp. 34.- Testimonio trunco del asiento de vecindad de Jusepe de Treviño, con lista de avíos y relación de méritos. Ante el gobernador Diego de Montemayor. Monterrey, 20 de noviembre de 1603. (Contiene también la posesión dada a Juan de Olivares de su hacienda "frente a la de Villarreal, San Miguel desde la Cueva para arriba, hacia las Encinas", sin fecha. Membrete de 1658-1659). 1 f.

El Capitán de Farías en ese documento llama a don Jusepe "mi hermano" con razón: fué su cuñado, pues él se casó con **María de Treviño**, lo más probable en Saltillo, y ambos hermanos fueron hijos de Don Diego de Treviño y de doña Beatriz de Quintanilla, residentes en la capital de la Nueva España. Tuvieron por lo menos dos hermanas más, una de nombre Juana de Treviño y otra llamada Isabel que llevó el apellido de su madre, de Quintanilla, cuya existencia nos interesa, según veremos luego.

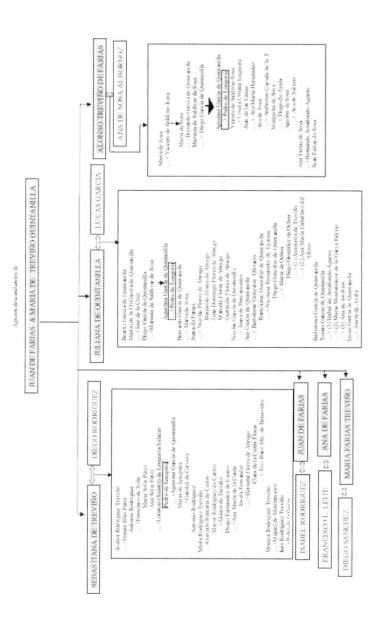

Del matrimonio del Capitán **Juan de Farías** y **María de Treviño** se sabe de seis hijos: **Sebastiana** (1576), **Juliana** (1578), Juan (1588), **Alonso** (1596), Ana (1598) y María (159?).

El que nos atañe directamente es **Alonso,** pero mientras embarnece para que entre en acción, vamos a dejarle en la imaginaria.

Las hermanas mayores Sebastiana de Treviño y Juliana de Quintanilla, que por cierto dieron bastante guerra, se casaron con dos hermanos, para variar, de diferente apellido entre ellos, pero carnales.

Y eso lo veremos cuando le demos una rascadita al siguiente apellido.

RODRIGUEZ

Dice don Israel Cavazos Garza, en *Breve Historia de Nuevo León,* otro de sus muchos libros, que no está muy seguro del lugar de procedencia del fundador de Monterrey, Diego de Montemayor. Que no está tan de acuerdo con otros investigadores que lo hacen natural de Málaga y casado allá con una tal Inés Rodríguez y haber procreado una hija del mismo nombre, porque bien pudiera tratarse de un homónimo. Lo cierto es que cuando llegó Don Diego por acá ya era viudo. Por lo menos dos veces, pues María de Esquivel, la madre de su retoño Diego de Montemayor, El Mozo, tenía mucho tiempo de haber fallecido. (Esta María de Esquivel, contrario a como la pinta el escritor contemporáneo Mario Anteo en su mencionada novela El Reyno en Celo, esmirriada y amargada, yo me la imagino –al fin que ninguno de los dos la conocimos- voluptuosa y jacarandosa como fue aquella su tocaya la cubana Mary Esquivel, de los tiempos del genial Juan Orol, cuando parecía que éste ponía como condición primaria para hacer 'starlettes' del cine nacional a las interesadas el involucrarse sentimentalmente en la vida real, no tanto en aras de la mercadotecnia como lo hacen los gringos, con el protagonista principal de sus producciones, que daba la casualidad que invariablemente era él, lo que de ninguna manera se le puede reprochar, pues, a su manera, al final de cuentas, era también una de esas personas, aunque aquí se trata de otra clase de diversión, que realmente saben para lo que sirve el dinero). La otra esposa de Don Diego, Juana de Porcayo (o de Porcallo, o Sotomayor Porcayo o Porcayo de la Cerda) si bien le dio la alegría de una hija, Estefanía, no dejó de amargarle su existencia con el penoso *affaire* de todos conocido con su 'amigo' el Capitán Alberto del Canto.

Y es aquí cuando toma fuerza la teoría popular, basada más que nada en simple deducción, ya ven la gente como es, de que efectivamente don Diego era de Málaga, así no haya sido el esposo de Inés Rodríguez, ni padre de la hija de igual nombre: Si analizamos bien el episodio, don Diego, por principio de cuentas, cargó con la afrenta. Como luego dicen los taurófilos, con la herida de la estocada en todo lo alto, buscó el refugio de las tablas, se amorcilló y sobrevivió a los tres avisos. Siguió dócil al cabestro al corral, por manso. En espera de que cicatrizara la herida, rumió rebanadas de tiempo, que por lo adverso y nefasto sentía que se deslizaba más lento que nunca. Diluyó su dilatada amargura tomando repetidas y anticipadas dosis (c.b.p.) del dulce que escurría del rebosante recipiente contenedor de su esperada venganza sobre aquellos infieles. Aguantó estoico la maledicencia de las gentes y soportó sereno los cuchicheos y las mal disimuladas burlas de sus conocidos y, como quien toma una aspirina con la esperanza de combatir el cáncer, se reconfortó con el piadoso silencio de sus allegados ante su infortunio. Llegado el momento, se cobró, así haya sido a medias, la burla dando muerte a Juana. Como debía de ser. Como estaba escrito. Como ella jamás… (¡Je, Je!) … lo hubiera esperado:

Sí… ¡a la 'Malagueña'!!.

Lo que no es cierto es eso que algunos dicen que la mandó al otro mundo de una cornada. No. Parece ser que la ahorcó, o la acuchilló, o las dos cosas, o algo por el estilo. (Lástima que para ese entonces todavía no naciera García Lorca, quien de seguro le hubiera dedicado algo así como: "Se portó, cual lo que fue… un Malagueño legítimo")

Bueno pues, haya sido o nó la hija de don Diego, lo cierto es que una Inés Rodríguez aparece en Saltillo, casada con un señor de nombre Baltasar de Sosa que allá por los años como el de 1583 fuera alcalde de ese lugar fundado en 1577 por el mencionado Capitán Alberto del Canto y otros -entre ellos Juan Navarro el Mozo, sí, el 'legendario Juan Navarro', de la novela de Mario Anteo- con el nombre de Santiago del Saltillo.

Del matrimonio de Baltasar de Sosa e Inés Rodríguez, hubieron por lo menos tres hijos: Diego Rodríguez, Lucas García y María Rodríguez.

Dentro del grupo de los que llegaron de Saltillo acompañando a don Diego de Montemayor aquel 20 de septiembre de 1596, (El año anterior, en Junio 27, don Gaspar de Zúñiga y Acevedo, señor de las casas y estado de Biedma, y Ulloa, Conde de Monterrey, recién nombrado Virrey de la Nueva España –años después (1603) daría el 'chapulinazo' para hacerse del virreynato del Perú- por su pariente el Rey Felipe II, era registrado en los libros de asiento de los Pasajeros a Indias junto con casi un centenar (96) de personas entre criados, esposas e hijos de los criados, criados de los criados, etc. La que no aparece registrada es la esposa de don Gaspar ni miembros de su familia o el perico. Si bien al día siguiente lo hizo como su Secretario Juan Martínez de Guilléstegui, soltero, que se trajo a su sobrino Rodrigo de Guilléstegui y a un tal Ladrón de Peralta como su criado, hasta el 4 de julio, justo una semana después como para no juntarse con la chusma, lo hizo Isabel Velázquez, soltera, natural de Zafra, hija de Luis González el Viejo y de Lucía Velázquez registrada como 'criada' de un tal Francisco López Gutiérrez, a su vez criado del Conde de Monterrey (que bien le pudo haber sugerido "tráitela, ¿nó?..." no obstante que Don Paco viajara con su mujer Isabel de Orellana y la hija de ambos Isabel Gutiérrez de Mesa). Y todo para que Don Diego no batallara para encontrarle el nombre a nuestra Sultana y de paso, como Don Paco, quedara bien con Don Gaspar -de buenas que para honrarle escogió el nombre de Monterrey pues bien pudo ocurrírsele el de Biedma o el de Ulloa-) estaban su hijo Diego Montemayor el Mozo, su nieto Miguel de Montemayor (hijo de Estefanía y el 'conquistador' Alberto del Canto), Diego Díaz de Berlanga, Diego Maldonado, Juan Pérez de los Ríos, Domingo Manuel (éste, al paso del tiempo, fue flechado a muerte en la puerta de su casa cuando, condolido con unos indios que habían salido heridos en una refriega anterior en la que el mismo participó, les ofrecía alimentos. Que buena parte de la población nativa de esta región, de suyo cazadores y recolectores y de naturaleza trashumante, antes prefirieron afrontar el exterminio que aceptar la sumisión ante los que consideraban invasores de su territorio), Martín de Solis, Cristóbal Pérez y Pedro de Iñigo, los mencionados hermanos Diego Rodríguez y Lucas

García y por ahí se dice que también Baltasar de Sosa y quizá algún otro que se me escape. De resultar cierto el parentesco de doña Inés con don Diego, éste se hizo acompañar de su hijo, su nieto, su yerno y los hijos de éste y sus familiares, por tanto lo que conocemos de la hazaña de la fundación de Monterrey no dejó de tener sus agradables tintes de un, aunque azaroso, animoso pic-nic entre familiares, allegados y amigos. (Y evocando 'Pic-Nic', pido mano con Kim Novak, con el perdón de Sammy Davis, Jr., pero sigo creyendo que el gran ausente en ese contingente fue el 'legendario' Juan Navarro, lo que se le dispensa porque para esas fechas, según lo sabido y sin ánimo de rima, ya estaba 'mascando barro').

De Diego Rodríguez, que en justicia debería haber llevado el apellido Sosa como hoy se acostumbra, poco hay que agregar a lo por todos conocido. Fue persona principal, Alcalde o Justicia Mayor de Monterrey durante mucho tiempo y le tocó tomar la importante decisión de cambiar la ubicación primaria del centro de Monterrey, trasladándolo a donde se ubica actualmente, debido al desastre de la inundación sufrida por la población en 1612.

Su nombre inaugura y encabeza el desfile de los 3000 documentos compilados por Don Israel Cavazos Garza en su Libro mencionado; en los Archivos del Ramo Civil, Volumen I, años 1598-1624, se asienta lo siguiente:

Exp. 1.- El capitán **Diego Rodríguez** *registra cuatro minas "en la serranía, como vamos hacia Vivanco, frontero a la junta de los caminos de la Pesquería Chica y Santa Lucía". Ante el tesorero Diego de Montemayor, teniente de gobernador. Monterrey, 24 de enero de 1598.*

Y después del registro de otras minas en diversos rumbos, empieza el cambalache:

Exp. 18.- El capitán Diego Rodríguez hace donación a Diego de Montemayor, de cuatro caballerías de tierra entre los ríos de la Silla y Santa Catalina, a cambio de otras cuatro en la Pesquería Chica, en las Tapiezuelas. Monterrey, 30 de septiembre de 1601. 2 fs.. Ante Diego Rodríguez, terniente de gobernador. (es decir ante sí mismo)

Aparte de procrear a por lo menos dos hijas naturales, (cosa curiosa, no se sabe de algún su descendiente varón) se casó con Sebastiana de Treviño, hija del Capitán Juan de Farías y de María de Treviño, y tuvieron cuatro hijas: **Andrea**, que casó con el Capitán **Fernand Blas Pérez** que andando el tiempo emparentaron con los Longoria;

Exp. 46.- El capitán Lucas García vende a Fernán Blas Pérez la estancia de Santa Catalina, dándosela en arrendamiento por un año entre tanto puede pagársela. Agregada la lista de bueyes y herramientas que recibe. Ante Rodrigo Flores, escribano público. Testigos, capitán Juan de Farías, Juan Ramírez, Manuel de Mederos y Juan Pérez de Lerma. Monterrey, 1º. De junio de 1612. 2 fs.

María, de cuyo enlace con Gonzalo Rentería de Castro, hubieron entre otros hijos doña **Mayor de Rentería** y **Diego Fernández de Castro**, a quienes luego nos referiremos; De la aparición del apellido Rentería, presumiblemente proveniente de la región minera zacatecana y Saltillo, en estos contornos, dá cuenta el .Exp. 30. (fs. 41-49) Asiento de vecindad de Martín de Rentería, presentando como fiador a Rodrigo Flores Carvallo; y merced de tierras a su favor en la forma siguiente: (Se le adjudican siete sitios de ganado mayor, siete de menor y 28 caballerías de tierra por diversos rumbos y una encomienda del cacique Caurapan, barreteado, con su gente residentes en el río de los Comalucos; el cacique Caguiapama, cuatae, con su gente; el cacique Capucaqui, rayado, con su gente. Ante el gobernador Diego de Montemayor. Monterrey, 18 de marzo de 1609. 2 fs.) (Como quien dice uno de los primeros propietarios de los Rayados)

(Hasta ahora, sólo relacionaba ese apellido con el corrido que dice:
"-Quiero asistir a ese baile, dijo la hermosa María"
"su mamá le contestó "no puedes ir, hija mía"
"allí andará ese cobarde llamado Juan Rentería"
lástima que en el Corrido le tocara el papel de maloso)

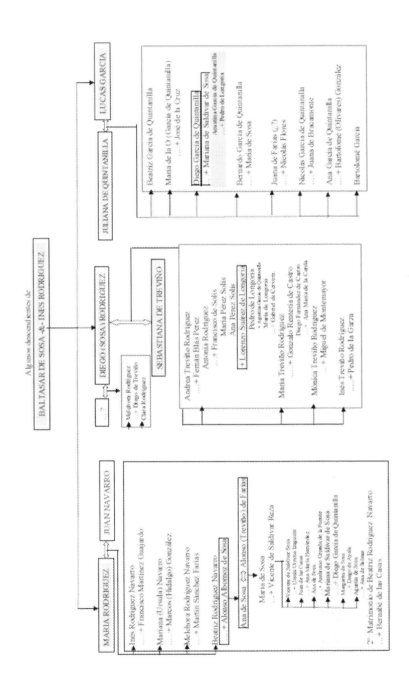

Mónica, que, nomás para que Mario Anteo no batallara para encontrar protagonistas de su novela *'El Reyno en Celo'* se casó con Miguel de Montemayor, el nieto de don Diego, el fundador;

e **Inés** Treviño Rodríguez, casada con Pedro de la Garza.

Con sus propiedades en la Hacienda de Los Nogales y en el valle de Huajuco, sus descendientes se dieron a la tarea de desparramar en forma *gene*rosa y abundante los apellidos Rodríguez, Montemayor y correlativos por esos rumbos.

Exp. 15.- Autos promovidos a solicitud del alférez Cristóbal González Hidalgo, alcalde ordinario de esta ciudad, como marido de Dorotea Rodríguez, y por Francisco Rodríguez de Montemayor en nombre de José y Juan Rodríguez, hermanos, para hacer el inventario de los bienes del Capitán Diego Rodríguez y de los de Inés de la Garza, sus padres, que quedaron en poder del Capitán Diego Rodríguez, hermano de los solicitantes, quien murió "por el mes de septiembre del presente año"; como quedó también la hacienda de labor de Gertrudis Rodríguez, su hermana, difunta, todos en el valle del Guajuco. Ante el gobernador don Francisco de Vergara y Mendoza. Monterrey, 26 de noviembre de 1701. 8 fs.

En algo debió haber colaborado también para propagar por estos rumbos el apellido Rodríguez, Bartolomé, un soldado que se deduce fué tan esforzado como precavido (y de paso prolífico genitor) que me imagino no ajeno a la rama familiar del capitán Diego Rodríguez pues lo nombra su albacea según el

Expediente 24: Testamento de Bartolomé Rodríguez, vecino de esta ciudad "que yo vine por soldado y pagado por los oficiales de su Majestad para esta población, en donde he asistido hasta ahora". Casado con Isabel Gutiérrez, originaria de los reinos de Castilla. Hijos: Beatriz Rodríguez y Francisca García, que están casadas en la Villa de Xerez; y más están aquí en mi dominio paternal, María Rodríguez, Juana de Hortega, María de la Concepción e Isabelica, que son cuatro doncellas y más Pedro Fernández Rey y Bernabé Rodríguez y Juan Reyes, que son tres varones. Albaceas su esposa y el Capitán Diego Rodríguez, vecino de esta ciudad. Ante el gobernador Diego de Montemayor. Testigos, Juan de Velasco, Miguel de Montemayor, Andrés Ramírez, Juan Sánchez, Benito y Diego de Barrionuevo. Monterrey (rota la fecha) mayo de 1604.- 4 fs.

GARCIA

Otro personaje de similar calibre fue el llamado Capitán de la Paz, Lucas García. Como su hermano, desempeñó varios cargos y también es de los primeros mencionados en el Libro de don Israel: *Exp. 9.- **Lucas García** registra una mina en la veta de Ntra. Sra. de la Candelaria, en la sierra de Santiago. Ante el tesorero Diego de Montemayor. Monterrey (1598).1. f.*

Como la mayoría de los primeros pobladores, que en un principio se inclinaron por la minería pero simultáneamente se dedicaron a la agricultura y la cría de ganados, Lucas García no fue la excepción y tan pronto como a finales de 1596, escasos meses después de la fundación de Monterrey, ya estaba asentado en su hacienda que llamó Santa Catalina y que con el paso del tiempo y una pequeña variación en la toponimia devino en lo que es hoy el Municipio de Santa Catarina. Una de sus calles lleva su nombre y se da el caso de que hace esquina con las dedicadas a su hermano Diego Rodríguez y a Diego de Montemayor y es cruzada por otra de nombre Elvira de Rentería, que como sabemos fue la esposa de Diego de Montemayor 'El Mozo' quien el 29 de abril de 1613, a la manera de Fernando El Católico, hizo su testamento por aquello del 'no te entumas':

Exp. 42.- Testamento de Diego de Montemayor, el Mozo, hijo legítimo del gobernador Diego de Montemayor y María de Esquivel, ya difuntos 'e vecino que soy en esta ciudad de Ntra. Sra. De Monterrey' Lo otorga 'por estar en camino para fuera de este reyno, a negocios con Su Majestad, con Su Excelencia, convenientes a este reyno de donde al presente tengo a cargo de la administración y gobierno dél, por el gobernador Diego de Montemayor, mi padre y señor, que sea en gloria', declara estar casado 'con mi amada Elvira de Rentería, hija de mis señores Juan Fernández de Castro y doña Mayor de Rentería', etc. etc.

En donde se dio un curioso caso de nomenclatura fue en un fraccionamiento del Topo, en donde las callecitas de una cuadra dedicadas a personajes de esa época como Diego 'El Mozo', Alberto del Canto, Diego Díaz de Berlanga, Juan Pérez de los Ríos, Diego Rodríguez, Lucas García, Martín de Solís, Pedro de Iñigo, Cristóbal Pérez, Diego Maldonado y Alonso de Barreda son delimitadas por un lado por la dedicada a don Diego de Montemayor y por el otro a otro su 'contemporáneo' el Dr. Martin Luther King.

Volvamos con El Capitán de la Paz de quien, sin restarle méritos, ni mucho menos -¿quién soy yo?- a su destacada trayectoria, me queda la impresión de que antes que nada fue un 'suertudote' en su vida. Bien querido por todos por su manera de ser y de comportar, le tocó además de compañera una de esas hembras del tipo que con tanta propiedad encarnaba Lucha Villa en sus películas (y aún en una comedia de corte campirano titulada 'El Quelite' -cuando doña Lucha estaba en sus meros jugos- y a quien tuve la suerte de admirar cuando dicha obra la presentaron en el desaparecido Teatro Florida de esta Ciudad. El Libreto, inverosímil y todo, era por demás sencillo, pero le permitía a la Villa lucir en forma generosa sus encantos: La recién casada que descubre con desilusión que su flamante esposo apellidado Agapito, cada vez que escuchaba la canción de El Quelite (y con la añadidura en aquel caso de sentirse de por sí cohibido y abrumado por la exuberancia de su cónyuge, del tipo de 'tanta carne para un triste perro') se veía incapaz de poner en el adecuado 'plan de trabajo' a la segunda parte de su apellido y los envidiosos antiguos pretendientes de la protagonista desplazados, sabedores de esa debilidad tipo sicosomática de su rival, no desperdiciaban ocasión, pues con el sólo malentonar el estribillo de 'Qué bonito es el quelite', lograban su cometido, lo que daba motivo a lo largo de la función para un sinnúmero de situaciones chuscas y desde luego pié de abundantes albures), de aquellas características matronas norestenses de antes: Entronas, luchonas, que derrochaban energía y optimismo; que defendían el patrimonio familiar con uñas y dientes; que comprendían y soportaban los defectos y fallas de carácter del marido consecuentándoles sus vicios y disimulando o minimizando ante los demás sus demasías en el comportamiento aguantando calladas para no despostillar la vajilla de porcelana que es la familia y actuaban en consecuencia buscando siempre el bien común; que les aconsejaban a sus hijas en procura de su felicidad: *"es mejor un mal marido, que un buen hermano"* o *"más vale viuda, que dejada"*; que no dudaban si, de ser necesario, había que acometer una faena destinada a los varones, ya ordeñando vacas, ya unciendo una yunta, ensillando un caballo, conduciendo una carreta o una 'tartana', escardar una parcela o sembrar una besana o una labor completa, cortar caña o recolectar calabazas. Y todo sin perder la feminidad. Y sin descuidar las labores del hogar y vigilando la adecuada formación de los hijos.

En fin, una esposa como la que le tocó en suerte al Capitán de la Paz.

Me la imagino como aquellas francotas cantantes vernáculas de antes, como la espigada Lilia Treviño que con su padre Pepe formaba dueto (y que con cierta regularidad actuaban –cantando y bailando- en aquella mi siempre recordada tanto como añorada 'Carpa Actores' de la calle Juárez entre Arteaga y Madero, testigo de mis andanzas de mi primera juventud en los años 51-53 ganándome la vida vendiendo golosinas y conociendo un mundo tan distinto al del inocentón y recatado ambiente campesino y pueblerino del que provenía como es la farándula. Universidad de la Vida en la que ésta me inscribió sin consultarme para impartirme cursos rápidos tales como 'No todo el Monte es Orégano' o 'Como Ampliar el Criterio sin Salir Damnificado', 'Técnica Avanzada de Administración por Objetivos de los Recursos del Tesoro de la Juventud'. 'I, II y III, Qué Paso Tan Chévere', 'Los Siete Hábitos de la Gente Realmente Desmadrosa (y Feliz)' y otros de diversa índole y que me imagino que empíricamente o 'a título de suficiencia' aprobé porque en esas aulas no se extiende diploma) y en sus canciones reflejaban el estilo claridoso que los norestenses tienen para decir las cosas como en la popular del *'Pávido Návido'* que incluye versitos como

'El que quiera divertirse
y no tenga qué gastar,
que se tire a un charco de agua
como perro a remojar'

o aquel otro, (justificado antes de que se llegaran los tiempos del 'Cialis'):

'…..ya se me cayó el columpio
donde ella se columpiaba,
se le acabaron los gustos
a la joven que yo amaba…'

Hija segunda del mencionado Capitán Juan de Farías y de María de Treviño, -hablamos de Juliana, no de Lilia la cantante y bailarina, aunque no es nada remoto que fuese su descendiente pues ella y su padre utilizaban su verdadero nombre en el medio artístico- dio origen y lustre al apellido…..

QUINTANILLA

Juliana de Quintanilla, fue su nombre. Debería haber llevado los apellidos de Farías Treviño, al uso actual, pero adoptó o le fue encajado el de su abuela materna doña Beatriz de Quintanilla.

De sus afanes como esposa de descubridor y primer poblador del Nuevo Reyno de León, quedaron no pocas referencias en los archivos, ya velando por el patrimonio familiar,
Vol. 3, Exp.18.- El gobernador Martín de Zavala, hace nueva merced (por haberse quemado lo anterior) a Juliana de Quintanilla, viuda del Capitán Lucas García y a sus herederos, de la hacienda de Santa Catalina, con el agua de la boca del Potrero y un sitio de ganado mayor y otro menor; y en el puesto del Potrero que se pide, se dé traslado al Cabildo de Monterrey, para que no siendo en perjuicio de la ciudad se haga merced a solicitud de Nicolás Flores, como marido de Juana de Farías, hija legítima de Lucas García. Escribano, Juan de Abrego. Cerralvo, 7 de mayo de 1635. 4 fs.

Ora procurando el bienestar de los suyos:

Exp. 28. Fol. 13, no. 28) Licencia a Juliana de Quintanilla, "vecina y labradora y criadora de ganados mayores en el distrito de la Ciudad de Monterrey", para que por un año pueda matar una o dos vacas de las de su cría cada semana, para el sustento de su familia. Ante el gobernador Martín de Zavala. Villa de Cerralvo, 22 de Diciembre de 1650.

Restallando el látigo de su autoridad cuando era necesario:

Fol. 20 vto., no. 33 Licencia a Juliana de Quintanilla para que sus hijos y otras personas salgan en seguimiento de sus indios hacia la Boca de los Leones, a traerlos para la cosecha de los trigos; ordenando al capitán Gregorio Fernández, justicia mayor y capitán a guerra del valle de las Salinas, no se lo impida. Ante el gobernador Martín de Zavala. Villa de Cerralvo, 12 de abril de 1651.

Curándose en salud, por si las moscas:

Exp. 6.- Reconocimiento de jurisdicción y sobre el buen tratamiento a los indios por los encomenderos. Comprende la visita (entre otras*) a: la hacienda de Santa Catalina, de Juliana de Quintanilla, viuda del capitán Lucas García... Ante el capitán José Méndez Tovar, alcalde mayor y capitán a guerra de esta ciudad, por comisión del gobernador Martín de Zavala. Monterrey, junio de 1656. 6 fs.*

Mencionada como viuda en 1635, declara tener 50 años durante una diligencia en 1643; todavía en 1661 su nombre se asienta en los expedientes; al año siguiente su lugar lo ocupan sus herederos. Debió dejar este mundo alrededor de los 68 años de fructífera vida.

Tuvo de su matrimonio con el Capitán Lucas García, una decena de hijos, a saber: Beatriz, María de la O, **Diego,** Bernardo, Juana de Farías, Nicolás, **Ana**, Bartolomé, Tomás y Lucas.

Todos de apellido García Quintanilla con excepción de las nombradas María de la O y Juana de Farías, que así aparecen en los archivos.

A nosotros el que nos interesa es **Diego** (a quien de momento le pediremos que espere un poco en la imaginaria y para que no se aburra le proporcionamos una baraja nueva, como cantaba el '*Charro Avitia*' en el corrido del *Muchacho Alegre*, para ver si encuentra con quien jugar un *conquián* o de perdido que se entretenga jugando *solitario*), pero nada perdemos con consignar de pasadita que su hermana menor, **Ana,** tuvo un protagónico papel para la entrada en escena, en este nuestro pequeño rincón norestense del teatro del mundo, de otra de las ramas del apellido...

GONZÁLEZ

al casarse con el Capitán Bartolomé González (según la Cronista de Higueras, Lic. Leticia Montemayor. Para otras fuentes Bartolomé Olivares González y abundando en que Anita fue su segunda esposa, pues antes estuvo casado con Isabel Esquivel de Gómez y tuvo dos hijos Diego y Andrés Gómez González y éste sí que merecería capítulo aparte, con su nombre ya sin el Gómez, pues se casó cuatro veces; por su deseo de sobresalir, por 160 pesos se hizo del título de Alférez Real y desempeñó varios cargos en el gobierno de Monterrey y el Nuevo Reyno de León). El mencionado capitán Bartolomé González era originario de Morón, provincia de Sevilla, cuyo hijo el Alférez Real o Sargento Mayor Diego González de Quintanilla, nacido en Cuencamé, en la antes Nueva Vizcaya, de su unión con doña María de Ochoa, lo más probable ya en Cadereyta, fueran corresponsables de traer al mundo al futuro Capitán Diego González de Ochoa, fundador de la hacienda Santa Teresa de las Higueras. (Hoy por hoy, Higueras, a secas).

¿Qué por qué Higueras?, según lo expresado por la Lic. Montemayor, atribuyéndole la teoría a don Israel en una emisión del programa 'Reportajes de Alvarado', por la abundancia de nopaleras observadas en ese lugar por los primeros pobladores y al hecho de que en España a la tuna, el fruto del nopal, se le conocía como 'higo chumbo'. Es una lástima que en sus contornos se cumpla también el dicho aquel de que 'no todo el monte es orégano' pues el que se da en esa región y que de paso constituye una importante fuente de ingresos para sus habitantes, es apreciado y catalogado en todo el Mundo como el mejor; acá por el rumbo de Terán y Montemorelos nomás se prepara el mejor menudo y el mejor asado de puerco del Planeta, platillos que requieren -de Higueras o nó- el orégano como condimento pero que en caso de apuro nos los zampamos sin tal. Estamos empatados).

(Para enredar un poco más la pita, el capitán Diego González de Ochoa, casó en primeras nupcias con una hija del capitán Alonso de Treviño y de doña Catalina de Ayala de nombre Anastasia de Treviño. Sí, descendiente ésta de aquel emigrante sefardita el Capitán Juan de Farías. Y en segundas, con una linajuda dama de nombre Ana Caballero de los Olivos, hija de Lucas Caballero y Margarita Rodríguez de Montemayor cuya ascendencia, rascándole tantito, viene a recalar en Baltasar de Sosa y Juan de Farías por un lado y por el otro en el 'legendario Juan Navarro' y desde luego don Diego de Montemayor. ¡'hijo'e'sú'!).

Pero antes de aquello, el 5 de mayo de 1603, el también Capitán **Marcos González**, por merced otorgada por Diego de Montemayor, sentaba sus reales en los en ese entonces llamados Llanos del Topo. El contrajo matrimonio con **Mariana (Ursula) Navarro**, hija de -sí, ni modo-, 'el legendario' **Juan Navarro** y **María Rodríguez** (Ajá, hija ésta de **Baltasar de Sosa** e **Inés Rodríguez**).

De este matrimonio salió la prolífica rama de los González Hidalgo, que, como la humedad por las paredes, se fue extendiendo por todo lugar del ámbito norestense emparentando con cuanto apellido se topaba y de paso elevando a la *n potencia* el factor endogamia en la región. Nomás por decir algo, Bernabé González Hidalgo, uno de los hijos de Marcos, casado con Josefa Amaya Treviño, (o Maya y Treviño, que de las dos maneras aparece su apellido en los expedientes) tuvo nueve hijos. De los cuales seis hermanos González Hidalgo, hembras y varones, se casaron con otros seis hermanos (varones y hembras, obviamente) de apellido De León Cantú –a los que me imagino muy divertidos columpiándose y haciendo escobas, pues su mera mata estaba en Cadereyta-- Si sus descendientes trataran de realizar una convivencia familiar el día de hoy, me temo que el Estadio Universitario les quede chico.

Por una extraña asociación de ideas, vino a mi mente el personaje de Don Baldomero, el hombre rico del pueblo de la conocida canción de 'El Piporro' cuando sin querer me topé con una placa que con motivo de los 400 años de la fundación de Monterrey se instaló en la pared de una de las llamadas tienda de conveniencia ubicada en una esquina de la actual Calle Doctor Coss en su cruce con la dedicada a la memoria del Padre Raymundo Jardón, precisamente a espaldas de la Catedral de Monterrey, que indica que en ese lugar en el último tercio del siglo dieciocho –a la mejor entre 1766 y 1799- cuando a la primera se le conocía como Calle de San Francisco y a la segunda con el bonito nombre de Callejón de la Horchata, o al revés, se erigió una capilla al amparo de Santa Rita gracias al patrocinio de don Celedonio González Hidalgo. Espero que Don Celedonio no se me vaya a enojar como se temía de Don Baldomero para con el vaquero por sacar a bailar a su hija, en la referida canción, por el involuntario e irreverente parangón. Lo hago nomás por dejar consignado que en su rama familiar no faltó gente principal y pudiente. Y fiel creyente, además.

Curiosamente el apellido González ocupa el segundo lugar entre los apellidos consignados por el Registro Federal de Electores en Nuevo León para los comicios locales (2003). El primer lugar lo ocupan los de apellido Martinez.

Vaya desde aquí (con la pertinente aclaración de que quien la emite está consciente de que este espacio no debería utilizarse para llamados de ésta índole por lo ventajoso que es en sí, pero que, herido como está en lo más profundo de su orgullo al ver relegado su apellido a un irrelevante segundo término en el ámbito de su antigua e histórica prevalencia, y para colmo por una tendencia que se adivina desgraciadamente irreversible, sin más ni más se salta las trancas) una excitativa a mis coterráneos portadores de tan ilustre apellido para que, en la medida de lo posible, desde luego sin llegar al grado de exponerse a que ello redunde en un posible demérito de la condición física de cada cual, redoblar esfuerzos para la reproducción y, suponiendo que la escasa cosecha de varones que darían seguro curso a la proliferación del apellido con afán de remontar el marcador se deba a la mala técnica empleada para el efecto, con la consecuente desproporción de féminas en los natalicios, recurrir al ancestral recurso de 'hacer tierra' durante el ritual.

ALBORNOZ

De aquellos días de mi niñez primera, allá en El Llano, o para ser más exacto por el rumbo aledaño del Camino Real, casi rozando la *guarda-raya* del territorio perteneciente a Montemorelos en los lindes que le hermanan con el municipio de General Terán, locación, escenografía y telón de fondo escogido por el Gran Director, a Quien desde luego nunca podré agradecerle lo suficiente el haberme incluído en el reparto (y sin siquiera haber 'audicionado' o hacer un 'casting' previo que yo recuerde) para mi espectacular debut en el Teatro de la Vida, rumbos que por lo mismo consideraba de mi pleno dominio así como aquella parcela en *La Majada* en la que mi papá cultivaba maíz ostentando el de la voz (o el de la pluma) el cargo honorífico de sembrador oficial, no guardo sino agradables recuerdos de innumerables momentos felices que superan con mucho en número a los de los infaltables descalabros y sinsabores inherentes a esa edad y condición. Y aún éstos, cernidos en el tamiz del tiempo y despojados de la paja de resentimientos o reproches, desde hace mucho se han tornado en amenas anécdotas ya debidamente envueltas en amarillento *papel de estrasa* de la melancolía. (Si suena cursi, ni modo. Pero peor hubiera sido colar los recuerdos en un tramo de malla de gallinero y envolver la melancolía en papel de otro color. Por ejemplo: el rosita o el fiusha).

Para quien no ha nacido en el campo ni haya conocido el dulzón aroma de la barreta recién cortada o el agradable y reconfortante olor a tierra mojada en verano, ni probado los granjenos, anacuas, mezquites, maguacatas, moras, brasiles y otros frutos silvestres; los nísperos o granadas o limas o duraznos o guayabas, que ya no lo son tanto, por no mencionar las naranjas, pomelas, mandarinas, higos, aguacates o nueces; la miel de los panales de abejas, tanto más sabrosa cuanto mayor el riesgo se corre para su disfrute; quien no ha sentido en sus pies descalzos –o zapatos o botines o nada, era una especie de fijación de mi papá que consideraba el uso de huaraches algo así como degradante y que siempre respetamos- el relajante contacto con la vaporosa tierra del surco recién abierto; pisado el zoquete, que nó lodo, de las veredas y regocijarse al observar sus propias huellas volteando de vez en cuando hacia atrás; tenido que ingeniárselas en plena canícula para esquivar el calcinante polvo de los caminos procurando caminar patizambo sobre el zacatito de las orillas apoyando ambos pies de ladito en su lado externo y a veces hasta dando brinquitos, será muy difícil que comprenda la sensación de inefable alegría que experimentaba cuando observaba las hileronas de matitas de maíz recién nacidas, en parte producto de mi esfuerzo como sembrador al depositar las semillas en los surcos al puro tanteo pero procurando hacerlo lo más simétricamente posible. Ni el gusto aquel -que me duraba semanas- al comprobar cotidianamente los avances en su crecimiento y que cuando apenas pasaban de la altura de mi cintura a veces lo demostraba trotando con los brazos abiertos haciendo el 'avioncito' entre los surcos y a dos manos acariciando con infantil ternura (aún no se llegaban los tortuosos tiempos en que se me inscribiera en la Escuela Primaria de la Hacienda de El Llano para cursar mi primer año de Primaria; gesto inútil cuando se llegaron porque si bien mis papás tuvieron el gusto de inscribirme, yo me dí las mañas -en compañía de un primo hermano coetáneo y vecino del Camino Real, de quien no menciono el nombre en previsión de no entorpecerle su futuro político allá con los güeros, pues desde hace mucho es un ciudadano norteamericano, y vive en Houston y si, como entre otros muchos, ya se dio el caso de Rosario Marín, pues......- para no contaminar con mi reticente presencia aquel recinto y que a la postre dio los resultados que esperaba de permanecer 'en greña' o silvestre y postergar por lo menos un año aquella tortura) sus verdes y largas hojas para evitar dañarles; de cuando en cuando hasta les hablaba. Mucho menos la leve pesadumbre que sentía cuando después de un aguacero con fuertes vientos, a pesar de que intuía que el agua les venía bien, ver a la mayoría de 'mis' matitas inclinadas y casi creer escuchar que me 'susurraban' en busca de ayuda para enderezar sus tallos y recobrar la vertical. Lo maravillado que quedaba de ver cómo las bonitas flores de las ramas de calabaza desaparecían para darle paso a una minúscula bolita verde que después de montarle guardia por días y de un emocionante período de crecimiento iban adoptando alguna de las caprichosas y diferentes formas en que les conocemos. Las tiernitas que de vez en cuando cortábamos a pedido de mi mamá y que le permitían a los insípidos trocitos de carne de puerco, costillitas incluídas, realzar su sabor. De las que llegaban a la edad 'adulta' reconozco que había algunas que a veces me vencían en la lid tipo grecorromana que entablaba con ellas para su recolección, por su tamaño y peso. (No pasaba mucho tiempo en que cobrara revancha cuando ya cocidas y enmieladas disfrutaba de su pulpa hasta dejarles lisito el duro 'casco'). Después de los obligados pasos de disfrutar del resultado de nuestras faenas con los elotes tiernitos, en su punto y ya macizones, ora asados o cocidos, venía el tiempo de la cosecha del maíz, del engavillado y de su posterior pizca y desgranado con la *olotera*. Nada me daba más gusto que descubrir alguna de aquellas mazorcas de 14 y 16 'carreras' de maíz blanco salpicada con uno que otro grano de color morado. Es más, por esa sola curiosidad, les *perdonaba la vida* y no las desgranaba. Las atesoraba hasta que el casi medio *colote* era indefectiblemente notado por mi papá y, con cara de disgusto, me ordenaba: *te faltan estas*.

Nunca entendí el por qué lo que a mi me causaba curiosidad y llenaba de gusto, a mi papá le parecía una desgracia porque daba por hecho que la semilla venía contaminada y la cosecha bajaba de valor. Como nuestra etapa de agricultores no fue lo suficientemente larga para sopesar las bondades o inconveniencias de ese hecho, lo dejé en el olvido pero siempre me quedó el resquemor y aún la aversión inducida al maíz que no fuera blanco.

Si acaso vino a mi memoria cuando en Acatzingo, durante mi época verde olivo, durante uno de los llamados 'días de plaza' y en tiempos ya no digamos de vacas flacas sino de los puros zurrones, me tocó comer unas generosas tortillas recién hechas de maíz morado 'echadas a perder' con abundante ración de arroz con mole y frijoles negros. ¡Gracias, maicito morado!.

Bueno pues, como aquel granito de maíz morado que tanto me agradaba y divertía en mi niñez, vine a descubrir en la 'mazorca' de nuestra parentela el apellido Albornoz. La misma curiosidad, incluso un raro alborozo -para estar a tono con el apellido- me causó el descubrirle. Lo hizo llegar por acá, pero tampoco trascendió, el Capitán Alonso de Sosa Albornoz o Albornoz de Sosa, hijo de Inés de Tapia (hija del conquistador Andrés de Tapia) y de Francisco de Sosa Albornoz.

Si bien era fácil suponerlo ligado a la rama familiar de aquel Rodrigo de Albornoz que vino comisionado por la corona como Contador de la Real Hacienda para hacerle la vida de cuadritos a Hernán Cortés en compañía de aquellos sus otros tres jinetes del apocalipsis mencionados en su oportunidad, por ser la primera vez que aparecía ese apellido en la Nueva España, se convirtió también en una de las interrogantes no del todo aclaradas y que es la primera de aquel par de dudas mencionadas en el Prólogo.
Lo de Albornoz le vino de su padre Francisco de Sosa Albornoz, que a su vez en la mayoría de las fuentes dedicadas a la genealogía en los sitios de Internet se le menciona como descendiente de aquel Juan Alonso Sosa Estrada, hijo a su vez de Juan Alonso Sosa Cabrera y de Ana de Estrada, la hija del Tesorero Alonso de Estrada y que este su nieto (Juan Alonso Sosa Estrada) se casó con una dama de nombre Mariana de Guevara Barrios.

Pero, ¿y lo de Albornoz?.

Una incógnita, que podríamos dejarla 'pasar por boba' como en el juego de las damas, sobre todo si consideramos esa usanza de aquellos tiempos de trocarse los apellidos a discreción, cuestión de recordar al inquieto de Pedro Gómez de Cáceres el hijo de

Andrés de Tapia y como muestra regional aquí tenemos a los descendientes del Capitán Alberto del Canto cuyo apellido desapareció por completo o a don Baltasar de Sosa, que los únicos descendientes que adoptaron el apellido eran mujeres y aún así de vez en cuando lo ignoraban o lo sustituían por otro, como veremos más delante.

Pero se dá el caso de que el Capitán Alonso de Sosa Albornoz (o al revés) se casó dos veces. La primera en 1565 con Juana Ramírez, de la cual tuvo cuatro hijos y sus nietos descendientes retomaron para sí el apellido de su bisabuela Inés de Tapia. Durante sus alegatos para demostrar hidalguía, consignan a Francisco de Sosa Albornoz, el esposo de Inés de Tapia, como hijo de un tal Esteban de Sosa y este de un Alonso de Sosa y este a su vez de otro Esteban de Sosa y así sigue la cadenita hasta llegar a entroncar con la parentela de Dionís, que fue un monarca portugués llamado El Rey Labrador allá por el siglo trece. Por añadidura, este Dionís era poeta. Lo que da entrada a la duda es que también en los mismos alegatos, aquellos interesados en demostrar su hidalguía, incurren en una serie de exageraciones, errores y contradicciones, a tal grado de hacer aparecer a Andrés de Tapia como el verdadero artífice de la Conquista, dándole a Hernán Cortés un papel de mero colaborador. Y pues, como dicen en el ajedrez "en la duda, toma un peón", me quedo con lo que acepta la mayoría, pues de lo contrario habría que sacar de la jugada como antecesor a Alonso de Estrada y darnos una quemadita de pestaña adicional para darle juego al Rey Dionís, el Rey Labrador (y poeta).

El asunto es que el Capitán Alonso de Sosa Albornoz (o al revés), casó por segunda vez con Beatriz Navarro (No se vayan a enojar: hija del 'legendario Juan Navarro') y hay referencias de que cuando acompañó a Juan de Oñate en la aventura del descubrimiento y fundación de Nuevo México allá por 1598 se llevó a toda su familia, aventura en la que se encontró con otro personaje que también dejaría honda huella en el noreste. Bernabé de Las

Casas, también capitán, pero 23 años menor que Alonso, para ese entonces ya viejón. (Considero importante mencionar este dato por que se da el caso de que un tiempito después Beatriz Navarro, me imagino que haciendo un verdadero sacrificio, contraería segundas nupcias con el capitán Bernabé de Las Casas y tuvieron abundante descendencia que con el tiempo vino emparentando con los apellidos norestenses de costumbre, como el de Villarreal, -su hija Beatriz, se casó con aquel alférez Diego de Villarreal que en 1629 andaba en broncas con nuestro ya conocido el Capitán Fernán Blas Pérez, según se asienta en el Exp. 25 de los archivos-, los González Hidalgo, los Rentería, de la Garza, los Buentello Guerrero, etc.)

Y cómo no iba a dejar honda huella en el Noreste si en el territorio de lo que ahora es Nuevo México dejó surcos. El Capitán Bernabé de Las Casas, originario de Tenerife en Las Canarias, hijo de Miguel de Las Casas, amigo y compañero del mencionado Cronista Gaspar de Villagrá, tomó parte en innúmeras escaramuzas de manera sobresaliente, según la reseña de éste, y estuvo a punto de sufrir la suerte de aquellos diez que murieron junto con Juan de Saldívar a manos de los indios de Acoma salvándose gracias a que en esa desafortunada acción, cuando aún se ostentaba sólo como Alférez, Bernabé tenía la misión de cuidar los caballos.

Pero terminemos por ahora con lo relativo al capitán Alonso de Sosa y Albornoz (o al revés). Unico fruto de su matrimonio con Beatriz Navarro, fue su hija **Ana Sosa de Albornoz**, a quien por su condición de fémina no le podemos pedir que pase a la imaginaria que es cosa de hombres; mejor le pediremos que pase al tocador a darse una arregladita y a sosegarse un poco porque como que la vemos un poco agitadita tratando de averiguar nuestras intenciones. Ya llegará la ocasión de presentarle al que será su proveedor de quincenas, **Alonso de Farías**, esperando que la suerte disponga que lleve a su matrimonio una buena dote para no desentonar con su futuro cónyuge que sin duda, como todo pretendiente que se respete, presumirá de ser muy bien dotado. (Y qué bueno que sea así, porque en el supuesto caso de que la vida no se haya mostrada muy generosa con ella, aproveche la oportunidad y de una vez por todas deje con gusto en el pasado esas naturalmente indudables estrecheces que hasta ahora le han acompañado).

LONGORIA

Aquella misma noche 'DuPont' en el Museo Marco y a la luz de la cambiante iluminación, propia de aquel evento, entre whiskyes –porque han de saber, que aunque por lo regular a lo más que llego es a cerveza, lo sé degustar con propiedad y hasta se podría decir que con cierta elegancia en cenas, fiestas y reuniones, con moderación, desde luego, o también sin; lo que es en las cantinas, no me he calado, pero nomás por la desconfianza de que lo adulteren, no por otra cosa y aparte porque es muy raro que pise un sitio de esos- y canapés, pláticas y uno que otro chiste, así como no queriendo y jugando a que hojeaba el libro de Don Israel, de pasadita encontré la primera referencia al apellido.

Exp. 15.- Vol. 3.- *Merced otorgada a favor de Alonso Hernández, vecino del Real y minas de San Lorenzo, que llaman del Papagayo, de dos lagunas de sal que descubrió, a las que puso por nombre las Dos Hermanas, cuyo registro hizo ante el Capitán Andrés de Arauna, alcalde mayor de las Salinas de Santa Fé, de esa jurisdicción, por espacio de doce años.* Gobernador, Zavala, Villa de Cerralvo, 19 de Enero de 1632. *Agregadas diligencias en que Jusepe de Acosta y Rodrigo Ordóñez, veedores nombrados por Arauna, declararon estar beneficiando Hernández las salinas, y haber visto en una de ellas uno de 1,500 fanegas y otro de 1000. Ante el capitán* **LORENZO SUAREZ DE LONGORIA** *se le dio posesión en primero de abril de 1632. 4 fs.*

Aunque aparece su nombre hasta 1632, por lo investigado se sabe que llegó por estos rumbos alrededor de 1620.

En el Expediente 10, Vol. 11, nos lo encontramos nuevamente aunque con motivos muy distintos: asentar su Testamento.

Exp. 10.- *Disposición testamentaria del capitán don Lorenzo Suárez de Longoria y facción de inventarios por su fallecimiento. Ante Juan de la Garza Falcón, alcalde ordinario. Monterrey. 1668. 4 fs. Contiene*:

Fol. 1).- *Testamento del Capitán* **Lorenzo Suárez de Longoria**, *natural de la Ciudad de Oviedo, en Asturias; hijo legítimo de* **Alonso de la Fontiga** *e* **Inés de Valdés**. *Pide ser sepultado en la iglesia del Convento de San Francisco. No dice ser casado pero menciona a su nieta María de Longoria, hija de Antonia Rodríguez. Albacea, alférez Antonio de Palacio. Ante el alférez Nicolás Ochoa, alcalde ordinario. Monterrey, 21 de julio de 1665.*
(También menciona a su nieto Joseph a quien le deja su hierro de marcar y las bestias que 'parecieran de mi propiedad'. A María un espejo con sus tapaderas. Y párale de contar).

La última mención, con su apellido incompleto, aparece en el Vol. 18, Exp. 15, fol. 7:

Fol. 7) *Licencia concedida a José Longoria, vecino de esta ciudad, para usar el hierro (dibujado al margen) para herrar las bestias de carga de su recua, caballos y cría de yeguas y que es el mismo que heredó del capitán Lorenzo (Suárez) de Longoria, su abuelo. Ante el gobernador Pedro Fernández de la Ventosa. Monterrey, 11 de mayo de 1689.*

El apellido Suárez se encierra en paréntesis porque para ese entonces ya había corrido la suerte de tantos otros que simplemente desaparecieron.

Ya sin el Suárez, y acercándonos de plano a mi querencia -así no tenga por allá ni un pedacito de tierra en el cual caerme muerto, sobre todo por el rumbo del Camino Real que es mi 'Patria diminuta', salvo el del usufructo 'mortalicio' del Panteón 'González' que por derecho me corresponde y se ocupará a su tiempo- la Hacienda de San Rafael del Llano, su nombre aparece en el Vol. 14,

Exp. 17.- *Merced hecha a favor del alférez Carlos Cantú, vecino del Valle del Pilón de 30 sitios de ganado menor, dos de mayor y cuatro caballerías de tierra, entre el río del Pilón y el arroyo de los Mojinos* (¿Mohinos?), *lindando con sitios que tuvo don Lorenzo de Longoria en la Ciénega de don Gabriel. Ante el gobernador Juan de Echeverría. Villa de Cerralvo, 7 de agosto de 1682. 2 fs.*

Y en el Vol. 27, Exp. 7, fol. 58): *Don Francisco Fernández de la Cueva Henríquez, duque de Albuquerque, virrey de la Nueva España, confirma la merced que el gobernador del Nuevo Reino de León, don Juan de Echeverría hizo el 7 de agosto de 1682 al sargento mayor Carlos Cantú en atención a sus méritos y servicios, de treinta sitios de ganado menor, dos de mayor y cuatro caballerías de tierra, de la otra banda del Pilón Chico entre este río y el arroyo de los Mohinos, lindando con sitios que fueron de don Lorenzo de Longoria, que tuvo en la ciénega de don Gabriel,. México 10 de mayo de 1703. Copia autorizada por el gobernador don Francisco Báez Treviño. Monterrey, 21 de marzo de 1704.*

Hasta aquí con don Lorenzo, porque si su nombre aparece en 1632, poco después (1636/37), lo hace en los citados documentos oficiales el de un (¿su hermano?, ¿su hijo?) Diego de Longoria y Valdés (que por el nombre más se acomodaría para el desenmarañe de nuestra parentela por sus apellidos), aunque con no muy buena fortuna pues el pleito que encausó en esas fechas lo perdió ante Juan y Diego de Solís, como consta en el Vol. 4,

Exp. 8.- Demanda de Diego de Longoria y Valdés contra Juan y Diego de Solís y Gabriel Aguado; apoderado de éstos, sobre propiedad de tierras del Ancón, que antes se nombró hacienda de Santiago y que fue a don Diego Fernández de Montemayor. Fallado a favor de los Solís por el Lic. Juan López Serrano, asesor, declaran, etc. Etc. Ante el capitán Pedro Romero, alcalde ordinario.

Nada bien le fue a don Diego en su debut en el pugilato judicial reclamando como suya la hacienda de Santiago con once caballerías de tierra que había comprado a Diego Fernández de Montemayor hijo de Diego de Montemayor El Mozo y doña Elvira de Rentería, como se asienta en fol. 3 de mismo Volumen y que a pesar de sus 'provanzas' hubo de 'morder el polvo' por haber dejado dichas tierras yermas y despobladas.

Lo que se desprende de los autos citados, es que esas tierras originalmente le fueron mercedadas a Juan López, uno de los primeros pobladores, en 1598; luego le fueron cedidas a Juan Hernández y Juan López las reclama en 1615. En 1627 Martín de Zavala las otorga a Juan y Diego de Solís; en 1630 Juan López las dá como dote matrimonial a su hija Juana López; en 1636 Diego Fernández de Montemayor las vende a Diego de Longoria y Valdés y el Lic. Aguado se pone duro en 1637 y las reclama para los Solís. ¿dónde quedó la bolita? Pues quién sabe. Diego de Longoria y Valdés como que con eso tuvo y su nombre no vuelve a aparecer en los archivos ni por otro lado se supo ya de el.

Volvamos con don Lorenzo.

Como en su testamento expresó, nació en Oviedo, Asturias por ahí del año 1600. Hijo de don Alonso de Longoria, Señor de la Fontiga (señorío o feudo en las montañas de Asturias) a su vez nacido por el de 1580 y casado en 1599 con Inés de Valdés –una 'güerita' ella- en Oviedo y aunque en dicho documento no expresó ser casado, menciona a su nieta María de Longoria, hija de Antonia Rodríguez y por otras fuentes se sabe que casó (y si no lo hizo, por lo menos con ella tuvo 'trato') en Monterrey con la agraciada viudita de un tal Covarrubias, **Ana de Salazar**, hija de **Pedro de Salazar** y doña **Isabel Treviño Quintanilla**, por cierto cuñada del Capitán **Juan de Farías**.

Su primer hijo, **Lorenzo** (Suárez de) **Longoria Salazar**, nació por ahí de 1629. (según esto, hubo un segundo retoño en 1636 de nombre Nicolás, de quien lo único que se sabe es que se casó en 1680 con una dama de nombre María García y tuvieron una hija, Josepha Suárez de Longoria, quien a su vez en 1704 casó en Saltillo con un tal Nicolás Martínez).

Se dice que Lorenzo Suárez de Longoria, siendo un jovencito, vino a Nueva España como «criado» de su pariente Pedro Suárez de Longoria que en 1603 fue designado por la Corona como oidor en la Nueva España; que pasados unos años (1616) don Pedrito, el oidor, como que se hizo el sordo y no pudo justificar el desmedido acumule de riqueza de que se le acusa y es destituído a petición del Virrey de ese entonces; se le pierde la pista; el joven Lorenzo opta por emigrar hacia el norte en donde ya como Capitán (1618) dá su testimonio en un codicilo del testamento de un señor llamado Federico de Urdiñola en la hacienda Santa Elena de Saltillo.

Lorenzo Longoria Salazar casó con la entonces viuda   (o ex-esposa) de Francisco de Solís, **Antonia Rodríguez**, hija del capitán **Fernand Blas Pérez** y **Andrea Rodríguez** (hija ésta del capitán Diego Rodríguez, el fundador), en 1643/44, porque su primer hijo, **Pedro**, *(Quien viene siendo el que nos interesa para el asunto que nos ocupa)* nació en Saltillo en ese año (1644). Después de que Lenchito y Toñita se tomaran un respiro, por causas que se ignoran pero me imagino justificadas y desde luego no debido al hecho de cambiarse de barrio, vinieron, ya en Monterrey, Diego (1648), Luis (1649), Francisca (1650), Fernando (1650) -¿Cuatitos?-, José María (1651, que debió ser el que en 1689 pidió licencia para utilizar el hierro de su abuelo para marcar su recua y su ganado), Francisco (1652), **Ana** (1653) y Antonia (1654). Alguna de ellas debió llamarse también María, a la que nombró en su testamento aquel inmigrante asturiano que dio pie a todo este relajo, don Lorenzo Suárez de Longoria, como su nieta, hija de Antonia Rodríguez. En fin, dejemos esto y digamos, como escribía Isabel La Católica al margen de los documentos en los cuales abrigaba alguna duda antes de firmarlos: '*Averígüelo, Vargas*'. (Respecto a este dicho, desde siempre, tuve erróneamente la certeza de que se trataba de un investigador contemporáneo real o de novelas policíacas, no sé por qué, hasta que lo leí en una biografía de Isabelita y supe que el tal Vargas era en su Corte algo así como el Oficial Mayor de los gobiernos de ahora).

Sin apellidarme Vargas y menos ser Oficial Mayor de ninguna dependencia (así haga *changuitos*), pero haciéndole caso a Chabelita, lo averigüé y resultó que esta María de Longoria, según el libro de registro de actas de matrimonio que tuve a la vista y al que traté de tomarle una fotografía digital inútilmente en rápida visita al archivo parroquial ubicado en la Calle Arista de esta ciudad, se casó en 1678 con Gabriel de Servera (o Cervera) (Exp. 19, fol. 7) Gabriel Cervera, en nombre de Antonia Rodríguez, su suegra, pide que Mateo Rodríguez presente la escritura de donación que el capitán Diego Rodríguez hizo a Andrea Rodríguez, su hija, madre de su representada y del capitán Fernán Blas Pérez, de seis caballerías de tierra en la hacienda de los Nogales, lo solicita para amparar el derecho de las dos que le quedaron al vender al capitán Miguel de Montemayor, con licencia de Francisco de Solís, su marido. Ante el gobernador, sargento mayor Juan Pérez Merino. Monterrey, 10 de diciembre de 1693). siendo testigos en la ceremonia religiosa su hermano Pedro y el ínclito **Juan Bautista Chapa**, persona principalísima, (para la Ciudad algo así como *el ajonjolí de todos los moles* en su tiempo) de quien nos ocuparemos más adelante porque antes tenemos que darle una vistita a los De la Garza Treviño o **Treviño de la Garza.**

Por lo pronto, pasemos a este **Pedro Longoria**, que ya quedamos en que viene siendo *el que nos interesa para el asunto que nos ocupa*, a la imaginaria hasta en tanto no requiramos de su reaparición, que por cierto ya no tarda.

TREVIÑO/ DE LA GARZA

Ya habíamos hablado del asentamiento del apellido Treviño por estos rumbos, según lo recopilado por Don Israel en su libro que ya es para mí el 'de cabecera', con la persona de don Jusepe de Treviño a quien con razón llamaba 'hermano' el Capitán Juan de Farías en ciertas diligencias, pues era su cuñado.

Resulta que otra hermana de don Jusepe, llamada Juana de Treviño encontró su media naranja en el también Capitán Marcos Alonso de la Garza a quien algunos le agregan 'y Arcón', pero tengo para mí que debe ser 'y Alarcón', pero dejémosle nomás en De la Garza. El Capitán Marcos Alonso ya tenía por lo menos 3 hijos con Catalina Martínez Guajardo.

Del matrimonio del capitán Marcos Alonso de la Garza y Juana de Treviño, vinieron al mundo, Pedro de la Garza, **Blas María de la Garza Falcón**, -nótese la variación en el apellido, y tengamos a don Blas en cuenta porque fue persona destacada en su tiempo y un capitán de su mismo nombre, su descendiente, mucho nos atañe para el relato-, Francisco de la Garza, Diego de Treviño, José de Treviño, Marcos Alonso de la Garza, **Alonso de Treviño de la Garza** y Juana de la Garza. No sé quien habrá escrito el guión de la película 'La Oveja Negra' y sus secuelas, ni si se apoyó en alguna novela o en hechos reales de personas conocidas para llevar sus vidas a la pantalla, pero se le agradece. Sobre todo el personaje que interpretaba tan magistralmente don Fernando Soler, el de Cruz Martínez

Treviño de la Garza o Cruz Treviño Martínez de la Garza y que tanto nos divierte y agrada, cuando lo vemos en la enésima repetición por televisión, a gran parte de los norestenses, porque de alguna forma nos sentimos aludidos pues vemos reflejada nuestra manera de ser en no pocos aspectos del carácter y actitudes de aquel controvertido personaje. Casi me atrevo a decir que somos muchos los norestenses -y si nó, 'pos nomás yo, ¡faltaba más!- que llevamos dentro un pequeño 'Don Cruz' al que de cuando en vez sacamos (o aflora sin pedirnos permiso, que es lo más común) a la superficie como para darle una oreadita.

Si fue ficticio, poco hubiera batallado aquel guionista para imaginarlo si le hubiera dado un vistazo a la vida del capitán Alonso de Treviño de la Garza.

Para empezar, se hizo de tierras:

Vol. 3, Exp. 16.- Merced otorgada en favor del capitán Alonso de Treviño de 10 sitios para ganado mayor y menor, en el paso de la Pesquería Grande, hacienda de Juan Hernández, de la otra banda hasta lindar con la hacienda del alférez Diego de Villarreal, de la Magdalena, quedando en medio los sitios del Carrizal. Ante el gobernador, Martín de Zavala y Juan de Abrego, secretario. Cerralvo, 26 de febrero de 1635.

En tiempos en que había que fajarse los pantalones para defender las posesiones, porque está por demás decir que eran nada fáciles para la simple sobrevivencia.

Vol. 5 Exp. 7.- Averiguación sobre el quebrantamiento de paz ofrecida por los indios alazapas, de las encomiendas de los capitanes Jusepe de Treviño, Blas de la Garza, Pedro de la Garza y Cristóbal González y que se llevaron una manada de yeguas y caballada del capitán Alonso de Treviño, don Diego Fernández de Castro y Bernabé González. Declaran Alo(n)sillo, indio apitale; Francisco, de la ranchería del Quenoyababa. Ante el capitán Gonzalo Fernández de Castro, justicia mayor y capitán a guerra. Monterrey, 10 de octubre de 1641. 2 fs. (Sólo es la cabeza del proceso)

Para defenderse mejor, nada como estar unidos y para ello lo ideal es estar cercanos entre sí procurando ir llenando los huecos disponibles entre sus posesiones con familiares y allegados. Me imagino que esa fue la idea cuando Blas María de la Garza Falcón, casado en 1615 con Beatriz González Hidalgo y Alonso de Treviño de la Garza en 1621 con Anastasia González Hidalgo, ambas hijas de Bernabé González Hidalgo, quisieron formar lo que ahora llamarían un 'holding' de negocio familiar.

Vol. 5, Exp. 15.- Merced otorgada por el gobernador Martín de Zavala a favor de Bernabé González Hidalgo, "vecino y poblador que es deste dicho reyno mas tiempo de veinte y cuatro años de un sitio de ganado mayor y tres de menor, entre las dos pesquerías, desde el camino real que va de esta villa (de Cerralvo) a la ciudad de Monterrey, como quien va a las Salinas, a lindes del sitio del capitán Blas de la Garza y Alonso de Treviño y del caudillo José de Treviño". Cerralvo, 1º. De abril de 1642. 5 fs.

Y en el caso particular del hiperactivo capitán Alonso de Treviño, minero, labrador y criador de ganados mayores y menores, que se llenó de hijos pues antes de casarse con Anastasia González Hidalgo tuvo por lo menos cuatro hijos naturales, entre ellos Juana de Treviño, la necesidad de tierras era mayor, sobre todo porque esta su hija Juana ya estaba casada con **Juan de Olivares** a quien me imagino nada dejado y algo revoltosillo pues su nombre aparece por primera vez en el libro de don Israel así:

Vol. 5, Exp. 14.- *Hoja final de un pleito entre Diego Treviño y Juan de Olivares. Notificaciones de sentencia hecha por el secretario Antonio Pérez de Molina. Cerralvo, 2 de diciembre de 1649.*

Y todo porque para esas fechas, **Juan de Olivares** estaba posesionado desde hacía 14 años de la Hacienda *"que llaman de Martín como una legua poco más o menos de la de San Francisco en la jurisdicción de Monterrey en la Pesquería Chica"* alegando primero que la había comprado a un señor Durán (¿o Rodrigo de Aldana?) y después que le había sido mercedada en 1635. (El pleito lo ganó Diego de Treviño, por cierto llamado El Mozo y también cuñado de nuestro conocido el capitán Juan de Farías, porque pudo demostrar con testigos que dicha hacienda había sido fundada por el capitán Diego Rodríguez, suegro de Diego, pues él estaba casado con Melchora, una de las dos hijas naturales del capitán Diego Rodríguez, que según esto no conoció hijo varón. La otra se llamó Clara).

Y, en el Exp. 20.- *Causa seguida entre Juan de Olivares y el capitán Miguel de Montemayor, sobre propiedad de Felipillo, indio borrado; cuyas diligencias se remitieron*, etc. etc…. *Cerralvo, 12 de septiembre de 1642. 13 fs.*

Pero no hay duda, el que persevera, alcanza:
Vol. 11, Exp. 21*).- Encomienda a Juan de Olivares, "vecino de este reino benemérito casado, con mujer descendiente de conquistadores" de la ranchería mapili (tortuga). Ante el gobernador Martín de Zavala. Monterrey, 12 de julio de 1662.*

De momento sólo consignaremos de pasadita que del matrimonio de **Juan de Olivares** y **Juana de Treviño**, nació **Beatriz Treviño de Olivares,** misma que andando el tiempo traería de un ala a **Juan Bautista Chapa,** para continuar con el capitán Alonso de Treviño de la Garza. Como dijimos, después de haberse calado por fuerita y ser el padre de cuatro hijos naturales (Mateo, Ursula, la ya mencionada Juana y Marcos Alonso de Treviño), se casó con doña Anastasia González Hidalgo para engendrar a María Teresa, Juliana, Mariana, Gaspar, Melchor, Nicolás, y Baltasar -para completar la tercia de Reyes-. Todos ellos llevaron el apellido De Treviño. En total 7 hijos más. Viudo en 1636, al año siguiente contrajo segundas nupcias con doña Mayor de Rentería, (o Rodríguez de Castro o Rentería Rodríguez) en rigor hija de una su sobrina, para dar vida a por lo menos otros 7: María de Rentería, Anastasia (¿en recuerdo de su primera esposa, como haría Don Cruz con su Vivianita?) de Rentería, Juan de Treviño, Beatriz de Rentería, Micaela de Rentería, Clara de Rentería y Gonzalo de Treviño (las hembras Rentería y los varones Treviño).

El 'margallate' se hizo después:

Fol. 22) *Hijuela y partición de bienes entre doña Mayor de Rentería, viuda del capitán Alonso de Treviño, como madre de Estacia (*sic *por Eustasia o Anastasia), Beatriz, María, Juan, Micaela, Clara y Gonzalo, sus hijos y el capitán Alonso de Treviño, como hermano y tutor de Melchor, Baltazar y Nicolás –(¿y Gaspar?)- sus hermanos, hijos del primer matrimonio del capitán Alonso de Treviño y de Anastasia González .Hacienda de Santa Clara, valle de las Salinas, 30 de enero de 1655.*

Fol. 24).- *Convenio celebrado entre doña Mayor de Rentería en nombre de sus hijos y el capitán Alonso de Treviño, sobre* inconformidad *en las hijuelas. Ante el capitán Gregorio Fernández, justicia mayor. Hacienda de Santa Clara, del valle de las Salinas, 30 de enero de 1655.*

Vol. 16, Exp. 9, fol. 26).- *Testimonio del convenio celebrado por el alférez Alonso de Treviño, vecino y minero de este real, tutor y curador de Gaspar, Melchor, Baltazar –*aquí sí, los tres Reyes- *y Nicolás, sus hermanos, hijos del Capitán Alonso de Treviño y Anastasia González, ya difuntos, y Melchor Barrera, como marido de Mariana de Treviño, hermana también del otorgante, sobre las cantidades que ha de darles del producto de la hacienda de minas que ha tenido en su poder. Ante Diego Fernández de Castro, alcalde mayor y capitán a guerra. Valle de las Salinas, 23 de julio de 1663.*

Vol. 17, Exp. 13, fol. 12).- *Los capitanes Alonso y Nicolás de Treviño, y Melchor y Baltazar de Treviño (¿y Gaspar?), como herederos del capitán Alonso de Treviño y de Anastasia González, confieren poder al capitán Carlos Cantú, vecino del valle del Pilón, también heredero, para todas sus causas, pleitos y negocios. Ante el sargento mayor Diego de Villarreal, alcalde mayor y capitán a guerra. Real y valle de las Salinas, 7 de enero de 1689.*

Ya para esas fechas, como que el bueno de Gaspar se desesperó y mejor se murió:

Vol. 13, Exp. 15.- *Escrito de doña Ana de la Cerda, viuda del alférez Gaspar de Treviño, contra el alférez Nicolás de Treviño por deuda de 30 pesos en reales, de unas enaguas guarnecidas que le vendió. Ante el gobernador Azcárraga .Monterrey, 2 de abril de 1675. 1 f,* (Quién sabe de qué clase o marca fueran las enaguas porque, la mera verdad, se me hacen caritas, a menos que en la transacción llevaran algo más dentro a manera de 'valor agregado').

Pero se sigue enredando la pita: los Treviño González Hidalgo invitan al baile al capitán Carlos Cantú, nuestro conocido vecino del Valle del Pilón y lo mencionan como también heredero pues era su sobrino, hijo de la primogénita María Teresa Treviño González Hidalgo de su casamiento con José del Río y de la Cerda Cantú.

Al capitán Alonso de Treviño de la Garza ya no le tocó atestiguar todo ese merequetengue pero ya me lo imagino, revolviéndose en su tumba, reaccionando airado al estilo de *Don Cruz* regañando a todos y diciéndoles: *"Ya 'estensen'... como que se me hace que son muchos pleitos para unas méndigas tierritas...¡Ahí te voy, Vivianita... !háganse a un la'o!"*

SOSA

Aquí vamos a pedirle a **Ana Sosa de Albornoz** (o Albornoz de Sosa) la hija del Capitán Alonso de Sosa Albornoz (o al revés) -*el granito morado en la mazorca*- y de Beatriz Navarro, que sea tan amable en salir del tocador en el que la dejamos no ha mucho ya que le tenemos una noticia muy buena, como ella, ya crecidita –y desde luego con impensadas redondeces en su cuerpo que el Padre Tiempo, como ensayando la técnica y los trucos que le enseñará en el futuro a un tal Rodin, se ha encargado de esculpirle- y en edad de merecer, podrá comprobar.

La nueva no es otra más que ya estamos en 1615 y el alférez **Alonso de Farías**, mocetón que según algunos frisa los 19 y otros un poco más, recién salido de su guardia en la imaginaria, piensa muy en serio sentar cabeza y no puede apartar de su mente a Anita a la que trae entre ceja y ceja. Se la pasa rondando por la ventana de su casa tratando de llamar su atención.

(Lo bueno para el alférez Alonso es que aún no existe una universidad a la que asistan ambos, sino el tranquilo decurso de la bucólica vida provinciana, pues de haber vivido los dos unos siglos después, le consumirían los celos al escuchar aquel cuplé, o lo que sea, que cuenta que otra Ana, le dice al confesor:

> "Acúsome le dijo,
> Que en un curso nomás
> Desfiló por mi 'ventana'
> Toda la Universidad…"

¡Ay Ana!, te vas a condenar!…..)

Ahora que ya están casados les vamos a pedir que se pongan a hacer la tarea. Disponen de algo así como un poco más de una página para hacer abuela a doña Beatriz Navarro y al capitán Bernabé de las Casas, (el padrastro de Ana que entró como 'bateador designado' por aquel nuestro 'granito morado en la mazorca'), no sé si sería correcto llamarle 'abuelastro'. Mejor lo dejamos en 'don Berna', por cierto -entre otras cosas- minero.

Vol. 4, Exp. 14, fol. 11).- *El capitán Bernabé de las Casas, registra la mina de Nuestra Señora de la Candelaria en la veta de la Ascención; otra en el camino a la descubridora; otra en el Albarradón Grande y otra en la Loma Alta. Ante Pedro Monzón, juez en comisión. Estancia de San Diego de las Salinas y hacienda de minas del capitán Bernabé de las Casas, 28 de junio de 1627.*

Y su *'yernastro'* Alonso, también

Fol. 14) *Alonso de Farías, registra tres minas, una en la veta de descubridora de San Nicolás de Tolentino, otra en la de las Animas, y otra en la de San Diego, en San Nicolás de Tolentino. Ante Pedro Monzón, juez en comisión. Estancia San Diego de las Salinas, junio de 1627.*

Eso era cuando todos estaban *'a partir un piñón'*, porque después:

Vol. 3, Exp. 17).- *Pleito seguido por don Juan de Arredondo Agüero, por parte del alférez Alonso de Farías, su suegro, contra los bienes del Capitán Bernabé de las Casas. Se falló a favor de Arredondo rematándose los bienes: tres esclavos, un ornamento y una alfombra, en el Capitán Miguel de Montemayor, en 1,192 pesos, cantidad que entregaron a éste Marcos y Bernabé de las Casas, en quien volvieron a quedar dichos bienes... Monterrey, Marzo de 1633.*

(En realidad, se trató de una triangulación de bienes pues los hermanos De las Casas le vendieron al capitán Montemayor tres minas en las que se supone Alonso llevaba parte y, temiendo que 'se lo llevaran al baile', le encargó el asuntito a su yerno como diciéndole "Ahí te encargo, Sócrates... perdón,... Juan" y tutti contenti).

En este documento don Juan de Arredondo Agüero llama 'mi suegro' a Alonso de Farías en virtud de estar casado con la segunda hija de su matrimonio con Ana Albornoz de Sosa de nombre Ana Farías de Sosa. El único varoncito, Juan Farías de Sosa, en ese entonces contaba con apenas tres años de edad.

Pero la que a nosotros interesa es **María de Sosa**, la primogénita, a la que pediremos que, por la premura que tenemos para terminar este Libro, ni siquiera pase al tocador que al fin y al cabo de todas maneras se vé muy chula, si acaso que se dé una arregladita y estrene esas enaguas nuevas que si no son de las de 30 pesos, como las de Ana de la Cerda, se ven de buena calidad y, para facilitarnos las cosas, nos acompañe a darle la bienvenida a estos rumbos al apellido...

SALDIVAR

Aunque en la vida real las experiencias como ceremonioso 'padrino' encargado de la petición de mano de sendas pretensas por conocidos y familiares de quien escribe, que han confiado en sus habilidades para las *concerta-cesiones* respectivas, no podríamos decir que son buenas pues hasta la fecha tiene el marcador en contra 1-2 en resultados positivos (el más sonado fiasco lo sufrió durante su período verde olivo, cuando un compañero de armas, a falta de familiares cercanos pues era originario del Estado de Guerrero y estando ambos enrolados en el Glorioso 21 Batallón de Infantería y asentados en el cuartel del mismo en Xalapa, Veracruz, quizá lo sobreestimó considerándolo el interlocutor ideal para la petición de mano de cierta muchacha que vivía con su madre viuda en una pequeña casa dentro de los confines de una extensa finca cafetalera que me parece se llamaba 'Las Ánimas' y pertenecía a un pro-hombre de nombre Justo Fernández, no lejos de allí. De nada valieron los argumentos esgrimidos respecto a los méritos y virtudes de su representado: su manera sana de vivir, su ausencia de vicios mayores, tan común en el medio, sus deseos de superación en la vida y sobre todo la comprensión y el amor que entre ambos se tenían; la doña viuda simplemente lo desechó como pretendiente alegando cierta dolencia asmática de la pretendida y la idea de conseguirle mejor partido que le proporcionara cierta tranquilidad económica y sobre todo una vida saludable 'en un lugar alto y de clima seco'. Eso sí, le agradecieron la visita y lo agasajaron con una Pepsi bien fría. El final es fácil de adivinar: no pasaron tres semanas y el despreciado Romeo se robó a su ñanga Julieta. La doña viuda se quedó sola en su casita de la finca cafetalera. La progesterona obró milagros curando a la asmática, transformando a la ñanga en godible y reconciliando a la abuela con la llegada del primer bebé. Sólo hubo un perdidoso, sobre todo en su autoestima, al que ni siquiera invitaron al bautizo dizque por 'salado') esta vez, con la tranquilidad que da ir a lo seguro porque se trata de hechos consumados, me voy a permitir quitarlo de la imaginaria y presentarles a don Alonso y doña Ana las credenciales del pretenso de su hija María de Sosa (o María de Farías de Sosa) y sirve que de paso por lo menos de esta forma empato el marcador del juego en mi faceta de *celestino*.

"Su nombre es **Vicente de Saldívar y Reza**. Nació en Zacatecas, creo que en 1597. Sus padres son don Juan Reza y Guerra y doña Ana de Saldívar Mendoza. Por lo pronto, ¡que padre!: ambos van a tener una suegra llamada Ana" (Y éstas se van a sentir en su papel cuando alguna de las dos, auxiliando a su nuera, o su hija, en las labores del hogar, se haga cargo de algún güerco chillón para calmarlo cantándole tierna y amorosamente el tradicional

"Señora Santa Ana,
¿por qué llora el Niño?,
por una manzana…
que se le ha perdido…
…..etc. etc.
Duérmase mi niño
Duérmaseme ya
Porque viene el coco
Y te comerá…."

O: te llevará… (hay dos versiones, parece ser que el castigo depende de lo enojado que ande el 'coco' o la intérprete de la canción de cuna en su caso) lo que, desde luego, no pondrá a salvo al bodoque de alguno que otro disimulado pellizco o palmadita tipo mandoble si a pesar del canto y el arrullo el güerco sigue chillando.

"Y no podemos decir que Vicentito ande como luego dicen con una mano adelante y otra atrás. Es descendiente de aquellas familias Oñate y Saldívar, de las principales de Zacatecas y con añejas raíces guipuzcoanas. Su padre don Juan Reza y Guerra tiene méritos suficientes pues, según dice Gaspar de Villagrá, el Cronista de esa expedición, cuando aquella gesta se vió en peligro de no emprenderse por exceso del papeleo burocrático -que aún ahora se estila en los gobiernos- con órdenes y contra-órdenes y falta de *material rodante*, Don Juan se apolingó con 100,000 pesos oro para avalarla y aún acompañó como lugarteniente a don Juan de Oñate en 1598 y se fajó como los buenos entrándole también a los *cocolazos* cuando el descubrimiento y población de lo que ahora es Nuevo México. Bueno, por lo menos Albuquerque y Santa Fé. Aunque eso ni tengo qué decirlo porque sonaría ilógico suponer que no se conocieron cuando anduvieron por allá. Su madre, doña Ana, para más tranquilidad, es descendiente de nuestro conocido 'proto-pariente' 'Chalo' Salazar, aquel que vino como Factor junto con otros tres funcionarios de la Corona a apretarle las tuercas a Hernán Cortés. Y pues, qué más les puedo decir: 'Chente' es de todas mis confianzas, creo que harán una bonita pareja".

Y vaya si la hicieron. El semicabalístico número 7 les favoreció con esa cantidad de hijos, a saber: **Mariana de Saldívar de Sosa,** María de Sosa, Vicente Saldívar de Sosa, Juan de las Casas (?) -sólo que alguien de la familia de 'don Berna' haya metido su cuchara cuando lo bautizaron-, Ana de Sosa, Margarita de Sosa y Agustín de Sosa.

Probablemente no residieron en Monterrey lo suficiente o nunca se les ofreció hacer alguna diligencia pues sus nombres no aparecen en los archivos. Los que sí son nombrados, y repetidas veces, son sus hijos, con excepción de Vicente de Saldívar, que presumiblemente murió muy joven, que es mencionado dos ocasiones, pues en 1640 firma como testigo en una averiguación y manifiesta tener 18 años. Casado con Ursula Urrutia Izaguirre, tan pronto como en 1662 ésta ya se presenta como su viuda. Vol. 13, Exp. 12. Fol. 48).- *Poder otorgado por Ursula de Urrutia, viuda de don Vicente de Saldívar e hija de Felipe de Urrutia, a favor de Nicolás de la Serna. Ante Roque Virto de Buitrago, teniente de gobernador. Monterrey, 17 de junio de 1662.*

De Juan de Las Casas lo único que se sabe (sé) es que se casó con una dama de nombre Ana Martínez Hernández; Ana de Sosa con Ambrosio ('Bocho' para los cuates) Cepeda de la Fuente (devenidos en suegros del futuro gobernador don Juan de Echeverría por su casamiento con su hija Juliana de Cepeda. En su testamento el gobernador Echeverria demostró que estaba en todo, como debe ser, pues deja 500 pesos a su cuñada Ana de Cepeda para 'cuando tome estado' y 100 a una tal Beatriz de Montemayor nomás por ser 'pobre de solemnidad') y de Agustín de Sosa que hizo lo mismo en un su presumible 'error de diciembre' con Ana de Salinas; a Margarita de Sosa le fue muy bien pues casó con Diego de Ayala y María de Sosa y **Mariana de Saldívar de Sosa** casaron con dos hermanos, hijos de Juliana de Quintanilla y el Capitán de la Paz, Lucas García, nietos del capitán Juan de Farías por un lado y de Baltasar de Sosa por el otro.

María de Sosa, bisnieta del mismo capitán de Farías, no batalló mucho buscando por fuera pues ahí estaba su tío Bernando García de Quintanilla que estaba por entonces como luego dicen *chino libre*. Debieron llevar una vida marital tranquilona pues según se sabe tuvieron sólo un hijo, de nombre Pedro que en 1676 al casarse con Elena Cavazos Guerra emparentó con los Guerra Cañamar (imprescindible eslabón en la cadena de la población norestense para que doña Antonia Francisca Guerra Iglesias y Santa Cruz trajera al mundo a otro de mis personajes admirados, el ave de las tempestades, el 'Houdini' de su tiempo, el inefable Fray Servando de Teresa de Mier y Guerra que fue diputado por Nuevo León cuando nuestra República estaba en cierne; recorrió el País y el Mundo como quien va 'mondadeando' de Morelos a Terán; causara tremenda conmoción con su célebre discurso de su teoría sobre la aparición de la Virgen de Guadalupe y el manto de Santo Tomás, fuera desterrado y enclaustrado varias veces sólo para que se diera habilidad para escapar, acompañara a Francisco Javier Mina en su fallida intentona y dejara para la posteridad una proclama escrita en Soto La Marina y que en un fragmento de la cual exhorta a los habitantes de las en ese entonces llamadas cuatro Provincias de Oriente (Nuevo Reyno de León, Coahuila, Nuevo Santander y Tejas) nada menos que a independizarse y autogobernarse, texto que a duras penas me abstengo de reproducir aquí, para suerte del lector no interesado, por lo extenso y por no abusar. Amigo personal del Presidente Guadalupe Victoria, se dio el gustazo de morir en el mero Palacio Nacional, pero antes se aventó la puntada de recorrer la Capital invitando personalmente a sus conocidos y amistades a la ceremonia de la administración del Santo Viático que recibiría de manos de Ramos Arizpe (Su cadáver, ya momia, no quiso quedarse atrás y deambuló un buen tiempo por el mundo como atracción de feria o circense….genio y figura hasta 'en' la sepultura. La estatua que le fue dedicada por la comunidad regiomontana, para variar, ha sido cambiada por lo menos tres veces de lugar y ya se le busca una nueva ubicación en estos días).

La única mención de Bernardo García de Quintanilla en los archivos es cuando, junto con otros, presenta un escrito para eludir la obligación de construir casa en Monterrey, como lo había ordenado el gobernador Martín de Zavala en 1635 *"en un término de seis meses y bajo pena de cien pesos"* a los incumplidos así como su exclusión de todo cargo en el gobierno.

El asunto se fue empantanando y entre dimes y diretes se vino a concluír con otro auto del mismo gobernador, por cierto 'algo expedito' pues fue dictado tan sólo 20 años después:

Vol. 7, Exp. 15, fol. 63).-. *Auto del gobernador Martín de Zavala, suspendiendo la ejecución de las penas a los infractores de la orden de construir casas en Monterrey; pero no la de ser excluídos de ser electos para cargos públicos, ni recibir mercedes de tierras ni encomiendas de indios ni reclamar privilegios de pobladores. Monterrey, 15 de Mayo de 1655.*

Claro que no se tardaron en presentar sus escritos, cuando mucho dos años:

Exp. 15, Fol.72).- *Auto del Cabildo ordenando la forma en que alcaldes y regidores se turnarán para recibir las probanzas de los vecinos para negarse a construir casas en la ciudad. Monterrey, 16 de mayo de 1657.*

Unos diítas después lo hizo Bernardo García de Quintanilla, que se quedó feliz y contento en la Hacienda de Santa Catalina. Pero no nada más él presentó el escrito, también su madre doña Juliana, sus hermanos Diego, Lucas y Nicolás (¿y Tomás?). Otros, de los conocidos por ser mencionados ya en este Libro, fueron Gonzalo Fernández de Castro, Hernando de Arredondo, Marcos y Bernabé de Las Casas, Jusepe de Treviño, Juliana de las Casas, Blas de la Garza, Alonso de Treviño, Nicolás de la Serna, Juan de Olivares, Pedro de la Garza,

Juan Cavazos, Francisco Botello de Morales, Juan Alonso Lobo Guerrero, Bartolomé González, Diego Rodríguez de Montemayor, Diego Rodríguez, etc. ¡N'hombre, casi toda la raza!.

Ah, caray!, parece que agarré vereda chueca. Si de lo que se trataba era de continuar con doña **Mariana de Saldívar de Sosa**. Con razón se nos puso medio seriecita por haberla hecho a un lado y más porque tal vez piensa que no tenemos para cuándo llamar de la imaginaria a **Diego García de Quintanilla,** su futuro marido**,** que ya ha de estar aburrido. Pero ¿cómo cree?, lo que pasa es que ya casi agotados los capítulos dedicados a los apellidos (sólo faltan los Chapa y los Benavides) estábamos pensando en cómo denominar a los apartados que siguen para no repetirlos.

ENDO-ENLACES (I)

Pues bien, ya tenemos al matrimonio García de Quintanilla-Saldívar.

La primera mención sobre el mismo que se hace en los archivos es,

Vol. 6, Exp. 34.- *Cuaderno de asiento de mercedes y otros despachos, formado por haberse caído en Cerralvo la casa en que estaba el archivo y llevándose el agua los papeles, según declaración del escribano, Juan de Abrego,. Ante el gobernador Martín de Zavala y Joan de Rocha, escribano. Cerralvo, 14 de marzo de 1646. 22 fs.* Contiene los siguientes documentos:

Fol. 19 v., no. 18).- *Título de protector y amparador de los indios que residen en la villa de Cerralvo, en Diego García de Quintanilla, vecino de esta ciudad. Ante Juan de Zavala, teniente de gobernador y Joan de Rocha, escribano de Su Majestad. Monterrey, 27 de agosto de 1647.* (entre otros)

Vol. 21, Exp. 13, fol. 1).- *Diego García de Quintanilla y Nicolás de la Serna, el primero sobre adquirir cabras y el segundo plata labrada, de los bienes que quedaron por muerte del general Juan de Zavala. Ante el alférez Nicolás xde la Serna. Monterrey, 4 de julio de 1662.*

Vol. 22, Exp. 1, fol. 3).- *Encomienda otorgada a Diego García de Quintanilla, "persona benemérita", de una ranchería de indios borrados "que habitan hacia el Pilón", etc. Etc. Ante el gobernador don Martín de Zavala, 3 de marzo de 1663.-*

Un ejemplo más de aquello de 'Promúlguese, pero no se cumpla'… si nos atenemos a la disposición de Martín de Zavala de mayo de 1655 en donde se amenzaba a los vecinos que no construyeran su casa en Monterrey con no ser considerados en el futuro para esos privilegios

Doña Mariana de Saldívar, sólo aparece en los registros, ya como viuda, dos veces. La primera:

Vol. 18, Exp. 10,.- *Autos de la visita general que hizo a los lugares de su jurisdicción el marqués de San Miguel de Aguayo, gobernador y capitán general. Febrero de 1685. 54 fs.*

Fol. 4 vto.).- *Hacienda de Santa Catalina, de los capitanes Tomás, Lucas, Nicolás García, hermanos, y de doña Mariana de Saldívar, viuda de Diego García de Quintanilla. 15 de febrero de 1685.*(En el acta levantada en esa ocasión los hermanos García Quintanilla se quejan de que un indiezuelo de su propiedad de nombre Domingo se fugó de la hacienda y según saben se encuentra en Saltillo en la casa de Juan de Calix. Del matrimonio de Juan de Calix y Catalina Gómez de Coy, viene la rama de los Santos Coy que emparentó con Inés de la Cerda en la persona de Bernardo de los Santos Coy).

La otra no tiene caso ponerla aquí porque se trata de un litigio en la que en 1698 se vió envuelta, pero sin mayores consecuencias para el relato.

Lo que nos indica que ese matrimonio llevó una existencia discreta y tranquila, acorde con lo que pensaban los antiguos cuando ponderaban las bondades del *'Aurea Mediocritas'* que según los que saben se traduce como 'dorada medianía', que no 'mediocridad', que dicho así como que ya cala. (y más, si es con tonito).

Creo que hasta don Benito Juárez alguna vez encomió la 'honesta medianía' como la más adecuada y conveniente manera de vivir y *–a ti te lo digo m'hija, entiéndelo tú mi nuera-* recomendaba para ser adoptada como propia por los funcionarios de su gobierno. Pero no me lo crean, porque no estoy muy seguro de ello.

Pero esa supuesta manera reposada de vivir no necesariamente se extendía a la alcoba, que, así como para compensar un poco el tedio (como alguna vez me dijo enfático un simpático señor de todos mis respetos -claro que en son de broma, porque si nó, estaría de pensarse-: "-Quiero que sepas que en mi casa, lo que es en mi casa, se practica el sexo todos los días; estando yo, o no estando) debió ser teatro de una agradable agitación constante y una prueba de ello son los hijos que procrearon, demostrado de paso que no eran supersticiosos, pues fueron 13: Gertrudis, Clara, Diego, Margarita, Tomás, Vicente, Antonia, Lucía, Nicolás, María, **Agustina**, Gaspar y Josefa. Todos ellos de apellido García de Quintanilla, con excepción de Vicente al que se le conoció como 'de Saldívar' y María, como 'de Sosa'. (Esta última que casó primero con Baltasar de Treviño, hijo de -sí, qué pequeño es el mundo- el capitán Alonso de Treviño de la Garza, -nuestro figurado primigenio arquetipo norestense de Don Cruz- y de su primera esposa doña Anastasia González Hidalgo, el 7 de abril de 1672; después lo hizo (1698) con aquel capitán Andrés (Gómez) González, el Alférez Real de los 160 pesos y que es una lástima que no alcanzara aquí su capítulo aparte, que no se acostumbraba a la soledad y decidió contraer nupcias por cuarta vez. Tal vez haya quienes pensarán que ya para qué, pero todos sabemos que el 'corazón no envejece' y también que 'se acaba primero el diente que la simiente').

De los otros once hermanos García Quintanilla, le vamos a pedir a **Agustina** que sea tan amable en acompañarnos en alguno de los pocos renglones que serán necesarios para confeccionar el siguiente apartado.

´ENDO-ENLACES (II)

Vamos a rescatar de la imaginaria, pues ya ha de traer hasta telarañas en las corvas, a **Pedro de Longoria** que recordarán que es el *que viene siendo el que nos interesa para el asunto que nos ocupa* para que conozca a la que será su esposa, **Agustina García de Quintanilla**. *(en otro caso en el que, por ese lado para nuestra parentela, según el libreto le toca 'hacer mutis' en estos lares a otro apellido, el de Saldívar)*

El nombre de ninguno de los dos aparece en los archivos reseñados en el Libro de don Israel y una posible causa es que alternarían su lugar de residencia entre Saltillo al principio y posteriormente en Cerralvo.

La que sí aparece citada es la hermana de Pedro, **Ana de Longoria**, que se casó en Saltillo con el alférez Nicolás Rodríguez.
Exp. 26-A, fol. 141, no. 94.- *Nombramiento a favor de Valerio Rodríguez de Carabajal,* (sic*) vecino del real de las Sabinas, de capitán protector de una ranchería de indios llamada* Quiniguiyos, *de los cuales era capitán protector el alférez Nicolás Rodríguez, su padre, quien puso una carbonera con ellos para fundir los metales que se sacan del cerro de Ntra. Sra. de San Juan y a su muerte el solicitante se aplicó a sustentar a Ana de Longoria, su madre, quien quedó "viuda y cargada de hijos e hijas doncellas". Se le otorga "atento a ser administrador de la dicha Ana de Longoria y dicho Valerio*

Rodríguez ha de asistir con dichos indios en el trato del corte de la madera para el carbón..."""Ante el gobernador, general don Francisco Báez Treviño. Monterrey, 29 de agosto de 1704.

No hubiera tenido caso el hecho de mencionar aquí el dato anterior si no es que Ana de Longoria y el Alférez Rodríguez tuvieron una hija de nombre María Rodríguez **Longoria** que a su vez contrajo matrimonio en Cerralvo con Nicolás **Flores de Valdez**, por las fechas en que la mayoría de las fuentes consultadas dan como el natalicio de Juan Diego **Longoria y Flores Valdez**, alrededor de 1700.

Aunque de todas maneras quede en el aire, ésa es la otra duda mencionada en el Prólogo como susceptible de aclarar si a falta de datos ciertos utilizamos el sentido común, del que también se dice que es el menos común de todos los sentidos.

Agustina García de Quintanilla y **Pedro de Longoria** se casaron en 1678 y tuvieron cuatro hijos: Mariana, José (o Joseph), María (o María Francisca) y **Juan Diego Longoria**, al que la mayoría de las fuentes dan como su fecha de nacimiento en 1698, pero hay una discordante que lo señala como el primogénito y nacido en 1679 y que se casó dos veces. En lo que todas coinciden es en que el año de 1718 lo hizo en Cerralvo con **Clara Chapa Benavides.** O Benavides Chapa. (Y qué bueno, porque de no haberlo hecho ya no digamos el rinconcito aquel aledaño del Camino Real, ni la Hacienda de El Llano, ni General Terán y Montemorelos, ni el Noreste, ni el País sino el Mundo, el Sistema Solar, la Galaxia, en fin, el Universo se hubiera visto lamentablemente privado de tanto talento emanado de dicha unión. –en algunos casos, talento y fuerza de voluntad envueltos en terquedad de asturiano para no darse por vencidos ante eventuales adversidades, como en ciertos políticos coetáneos y coterráneos, fieles seguidores de la filosofía de Yogi Berra de que 'esto no se acaba, hasta que se acaba'- sin faltar el acelerado que a falta de talento se apoye en la sola persistencia para sentirse émulo de Mercurio y eventual discípulo de Clío, así éstos más que como discípulo lo traten como a entenado).

A esta güerita, **María Clara Chapa Benavides**, debemos agradecerle su entusiasta colaboración y, así nos digan que 'el interés tiene piés', si alguna esperancita guardamos de reavivar algún día el asunto de la *petro-herencia,* todos los que 'andemos en el ajo' deberemos de aquí en adelante referirnos a ella como 'Mamá Clarita'.

(En su desagravio y de paso para reírnos un poco, vamos a recordar aquella descabellada hipótesis, salvo en lo de la ascendencia de su apellido –con tino parecido al del proverbial burro que tocó la flauta-, que se me ocurrió deslizar en uno de los últimos párrafos del libro 'Ay Felipe V, ¡…cómo me traes! con respecto a la procedencia 'italiana' de 'Mamá Clarita', cuando me la imaginaba como una de las damas integrantes de la corte de la segunda esposa del remiso de Felipe V, Isabel de Farnesio: "Por lo demás, resulta comprensible el hecho de que al Capitán Longoria lo hayas –o se haya- casado con una de las damas de la corte de Isabel: María Clara Chapa Benavides, cuyos apellidos, con un poquito de imaginación, bien podríamos tomar como de procedencia italiana debidamente castellanizados")

BENAVIDES

Espero que se acuerden de aquel Diego Fernández de Castro, que junto con doña Mayor de Rentería (la segunda esposa de nuestro Don Cruz el capitán Alonso de Treviño de la Garza) fueron descendientes de Martín de Rentería que llegó a poblar en 1609, y que dijimos que encajaría en el relato.

Este Diego Fernández de Castro se casó con Ana María de la Cerda, hija de Inés de la Cerda y Bernardo de los Santos Coy, el Mozo. Tuvieron una hija de nombre Josefa Fernández, otra llamada Jacinta y dos hijos: Juan y Diego Laurel. (En esto de los nombres, no hay que fijarnos mucho, a veces se seleccionan a capricho; el propio Miguel de Cervantes tuvo un hijo de nombre Promontorio, habido de un desliz juvenil de sus andanzas por Nápoles con una dama a la que él vagamente identificaba, me parece que en 'La Galatea', con el nombre literario de Silena. Se le dispensa porque según los que saben en ese entonces era un nombre muy común, pero hombre, qué le costaba llamarle Giacomo, o Paolo o Jusepe o Miguel, a secas. A menos que el nombre haya sido escogido por la tal Silena en recuerdo de su propio 'promontorio' abdominal, lo que equivaldría por acá a bautizar a alguno como Chipote, Domingo Siete, Sicofalla o Gusto Pasado. En fin…).

Vol. 21. Exp. 12.- *Visita general del gobernador Juan Pérez Merino a diversos lugares de su jurisdicción:*

fol. 26).- *Visita (en la misma hacienda de San Juan Evangelista) a don Juan Fernández de Castro a quien se le ordenó lo mismo que a los demás.* (Que todos los coherederos legitimen sus derechos dentro de un término de seis meses, so pena de 50 pesos por piocha) *Don Juan presentó un instrumento hecho en el valle de las Salinas por el cual consta que doña María Rodríguez, su abuela, a él, a Josefa, Jacinta y a Diego, hermanos, hijos de don Diego Fernández y doña María de la Cerda, les señaló la cuarta parte de unas caballerías de tierra en esa hacienda. 14 de mayo de 1694.*

Josefa Fernández casó con Bernabé Flores de Abrego, lo más seguro oriundo de Saltillo pues allá estaba la mera mata del apellido Flores.

Vol. 15, Exp. 14.- *Promovido por el Capitán Juan de Zigarroa, alcalde mayor de Saltillo y pueblo de Santa María de las Parras, sobre el intento de sedición y tumulto provocado con motivos del poder que, diciéndose agraviados, vinieron a otorgar a Monterrey varios vecinos de aquella villa, por la falta de Cabildo en ella. Ante el gobernador, marqués de San Miguel de Aguayo. Monterrey, 9 de julio de 1685.*

Contiene:
fol 3).- Poder otorgado al general Matías de Aguirre, vecino de Saltillo, por el alférez real Bernardo Flores de Abrego, capitán Diego Flores, capitán Juan Ramos de Arriola, alférez Martín Guajardo, sargento Nicolás Rodríguez, Juan González, Juan de Abrego, Martín de Arizpe, Juan Guerra y Juan de Aguirre, de aquella vecindad, labradores y dueños de recua y como personas que han ejercido oficios allá, para responder a la Audiencia de Guadalajara a los capítulos puestos contra ellos por el capitán Juan de Zigarroa. Ante el capitán José Cavazos, alcalde ordinario. Monterrey, 30 de junio de 1685.

Del matrimonio de **Josefa Fernández** y **Bernabé Flores de Abrego**, nacieron: Juana (quien por el hecho de que de los catorce hijos habidos de su casamiento con Juan Cavazos Guerra Cañamar, uno de ellos fue Pedro, el padre de doña Antonia Francisca Guerra Iglesias y Santa Cruz la segunda esposa de José Joaquín Mier Noriega, con todo derecho pudo ufanarse de ser bisabuela del controversial Fray Servando, de toda mi admiración), María, Bernardo, Teresa, Ana y **Clara de la Cerda Flores**

Clara de la Cerda Flores casó con **Francisco Báez (Martínez) de Benavides**, descendiente de uno de los primeros pobladores del reyno. En el Vol. 2, Exp. 25, nos encontramos con su antecesor por primera vez.

Exp. 25.- *Demanda promovida por el capitán Fernán Blas Pérez, contra el alférez Diego de Villarreal, sobre débito de cantidad de carbón. Testigos, Juan Pérez de los Ríos de 40 años, Pedro Guardado, de 20; Eustacio Zambrano de 40 y capitán Francisco Báez de Benavides, de 36. Agregada contradicción del capitán Mateo de Arredondo del embargo de una plancha de plata que está sacando en la hacienda del deán don Juan de Ortega. Ante el capitán Juan Alonso Lobo Guerrero, teniente de justicia mayor. Puesto de las Salinas, 15 de junio de 1629. 13 fs.*
(O sea que el primer Francisco Báez de Benavides nació allá por 1593. Del que hablamos hay datos que lo dan por nacido en 1636).

El propio capitán Francisco Báez (Martínez) de Benavides no curtía mal las vaquetas: Vol. 20. Exp. 6.- *Contiene los títulos y empleos que obtuvo el capitán Francisco Báez de Benavides, vecino de Cerralvo. 9 f.* Contiene: fol 1) *Carta del virrey conde de Galve al cabo del socorro de don Domingo Terán (Francisco de Bernavides) ordenándole reconocer el paraje de Santa Margarita de Buenavista, en la rivera del lago de Todos Santos desembocadura del río de San Marcos y otros lugares, de acuerdo con instrucciones que hallará en una carta que hallará en la artillería oculta en la Bahía del Espíritu Santo o lago de San Bernardo. México, 26 de octubre de 1691. Autógrafo del virrey. Al calce, anotación de haber sido cumplida, firmada por Benavides y Marcos de los Reyes y Gaspar de Treviño como testigos. Paraje de la Asunción, 8 de abril de 1692.*

Fol. 3).- *Carta del virrey conde de Galve a Francisco de Benavides, alegrándose de su retorno y ofreciéndole remunerar sus servicios. México, Mayo 13 de 1692.*

En esa expedición, el Capitán Benavides, al frente de una fuerza de 20 hombres acudió en apoyo del General Domingo Terán a parajes de lo que ahora conocemos como Corpus Christi, Texas. Ya anteriormente el Capitán Alonso de León –o él primero y su hijo del mismo nombre después- había encabezado por lo menos dos expediciones al mismo lugar con el fin de expulsar a un grupo de franceses comandados por un tal La Salle que tenían la intención de poblar esa parte de Tejas. Los indios naturales ya se habían encargado de diezmarlos. Se capturaron algunos franceses que, la mera verdad, 'de eso pedían su limosna porque ya no querían queso' y fueron enviados al virrey.

Tuve conocimiento de esas incursiones cuando en 1989 así nomás, a lo loco, visité el Archivo General de Indias en Sevilla, en busca de datos sobre Felipe V y, como premio de consolación por no permitirme la entrada a investigar, me invitaron a visitar una exposición de planos antiguos que se exhibía en la planta alta y me regalaron un librito titulado Catálogo de Mapas y Planos, México Tomo I. En ese librito con el numero 79, se describe uno de los Planos:

"*Planta del lago donde dejaron a Mr.*(monsieur) *La Salle" (Bahía del Espíritu Santo*) y agrega "remitido por D. Pedro Ronquillo desde Londres con informes sobre el viaje de La Salle á la Bahía del Espíritu Santo. 20 de Enero de 1687. En colores. Escala de 5 leguas los 5 centímetros".

Con el número 86: "*Mapa del camino que el año de 1689 hizo el gobernador Alonso de León desde Cuahuila (Nueva España) hasta hallar cerca del lago de San Bernardo el lugar donde habían poblado franceses".* Y con el número 88: "*Mapa del viaxe que el año 1690 hizo el Gobernador Alonso de León desde Cuahuila hasta la Carolina, Provincia habilitada de Texas y otras Naciones al Nordeste de la Nueva España"* Acompañada de autos sobre la expedición.

Y de paso de un dato muy curioso, el número 118: *"Plano del Presidio de San Antonio de Bejar, en la provincia de Texas, <u>Nuevo Reyno de Philipinas</u>, a seis leguas de Coaguila; cuya fortificación demarcó el Marqués de San Miguel de Aguayo..."* 1722.

Ese librito me sirvió de referencia para, nomás por pura curiosidad, hace unos meses mandar pedir al dicho A.G.I. el mapa del viaje de don Alonso de León y de paso otro de la Villa de Camargo. Más adelante se abunda al respecto.

Por lo pronto consignemos que el capitán Benavides se hizo de cuantos nombramientos y cargos era posible; recorrió la escala de grados militares y fue nombrado Juez Provincial de la Santa Hermandad (Que se oye medio tenebrosón pero no era nada más que algo similar a aquel cuerpo de Defensas Rurales de antaño en nuestro País -hoy sustituído por la Policía Rural-, que se encargaban de cuidar el orden en el campo), capitán de infantería del presidio de la Villa de San Gregorio de Cerralvo, alcalde mayor, capitán de infantería de caballos (...?), etc.

Fruto de su matrimonio con **Clara de la Cerda Flores**, se sabe de cuatro hijos; Juan y José de Benavides, **Inés Flores Benavides** y Francisco Báez de Benavides.

Poco tardará Inesita en conocer a su peor es nada. Tan solo lo que nos tardemos en echarle una ojeada al siguiente apellido.

CHAPA

A este apellido, sí que se le cuece aparte. Casi me atrevo a decir que es marca neoleonesa registrada. (Lo mismo que el de Cavazos, o Cavasso, o Cabazos, que desparramó en el Noreste el capitán Juan o Joan de ese apellido).

Llegó a estos lugares a mediados del siglo diecisiete en la persona de **Juan Bautista Chapa**. Su apellido paterno original era Schiapapria o Schiappapria y el materno Badi, nativo de un lugar llamado Arbisola o Albisola en la región toscana de Italia.

Debió haber nacido después del 5 de febrero y antes (o hasta) del 16 de marzo de 1630, según se desprende de su propia voz como testigo en sendas diligencias en que tomó parte los años 1691 y 1693 en las que se declaró de 60 y 63 años, respectivamente, datos que quedaron asentados en los expedientes de los archivos que compendió Don Israel en su Libro.

Es solo una conjetura, pero tengo para mí que para que se diera su llegada a estas tierras, mucho tuvo que ver lo siguiente:

Vol. 8, Exp. 28, fol. 10, no. 12) *Licencia al* Capitán Alonso de León*, justicia mayor y capitán a guerra de la villa de Cadereyta por cuatro meses a contar a fin de agosto, para que vaya a la ciudad de México "a cosas pertenecientes a este reino". Ante el gobernador Martín* *de Zavala y Antonio Pérez de Molina, secretario de gobernación. Cerralvo, 27 de julio de 1650.*

Consciente desde luego de que no estoy descubriendo el hilo negro, hago esta tanto aventurada como inocua deducción por la estrecha colaboración y amistad –hay algún investigador que menciona a De León como su amigo y protector- que hubo entre ambos, al grado de que **Juan Bautista Chapa** tomó la estafeta para continuar la Crónica llevada hasta mediados del siglo diecisiete por el Capitán Alonso de León de los avatares de los primeros descubridores y pobladores del Nuevo Reino de León, si bien conservando el anonimato. (Si recordamos, en el capítulo dedicado al Tío Lupe, él cuenta entre sus fuentes para sus apuntes, hechos a mitad del siglo pasado, a Alonso de León, Fernando Sánchez de Zamora y un 'autor anónimo')

Debieron de pasar más de 300 años para que Don Israel Cavazos Garza, merced a su erudición, constancia y meticulosidad, engastara en la corona de sus variadas investigaciones históricas una de las joyas más preciosas develando el misterio: El Cronista anónimo, fue Juan Bautista Chapa. Sobre ello escribió un Libro titulado precisamente *"El Cronista Anónimo"* que alguna vez devoré de una sola tarascada en la sala de lectura del Archivo General del Estado. (no pude sacarle copia porque –cosa rara- en ese entonces estaba descompuesta la copiadora). Esa visita al Archivo General del Estado se derivó de una recomendación del propio Don Israel durante su intervención en un Programa de televisión en el Canal 28, contestando a mi pregunta mediante llamada telefónica sobre dónde conseguir un ejemplar, pues es difícil encontrarlo en Librerías.

Si acaso podría agregar o redundar en algo a lo ya publicado sobre este personaje, sería que el mismo Don Israel lo llama "Genearca", pues fue el tronco de un frondoso árbol genealógico (qué Sabino Gordo de Terán, ni qué nada), cuyas ramas se extendieron generosamente -como dicen que lo hace la verdolaga- a lo largo y a lo ancho del Noreste y el Sur de Texas, dando lugar a una dinastía de hombres de pro –y mujeres, desde luego- de apellido Chapa que han dado lustre al Estado con su empuje y participación en todos los ámbitos (industrial, comercial, artístico, político, etc. sin faltar el aporte de la bonhomía de aquellos que, comprometidos con su Fe, han sido ejemplo de humilde y fervoroso apostolado para propagarla entre sus semejantes. Y ésto no lo he leído ni me lo han contado; hará poco más de tres décadas que algunos de esa estirpe, como quien siembra de temporal en tierra de secano, pues sólo de cuando en vez viene vagamente a mi memoria ese bello recuerdo aunque eso sí acompañado de no poca melancolía, me enseñaron –a propósito de la verdolaga- que por más crudo que sea el invierno 'de colores se visten los campos en la primavera').

Mocetón de 21-22 años debió llegar por acá. Si 'por el hilo se saca el ovillo', basándome en la 'percha' de la mayoría de los buenos hombres que llevan ese apellido y que la suerte me ha permitido conocer a través de los años en que como canica en lavamanos he deambulado por este Planeta, pero sobre todo aquí en el Noreste, me lo imagino de blanca tez, ojos de color, porte distinguido. A mayor abundamiento, instruído, pues según esto, no muy convencido de su vocación, desistió de sus estudios eclesiásticos en España para probar fortuna como tantos otros soñadores pasando a las Indias.

Todavía ni para cuando se inventara eso del jet-set. Ni la revista Hola!. Me imagino que si acaso el carreta-set y The Cerralvo News and Examiner con su sección de deportes que reseñaba el último encuentro entre el Nacional de Indias y el Real Arcabuz que había terminado en aburrido empate pese a los múltiples disparos a puerta por los del Arcabuz y de los asaeteados contra-ataques por parte de los del Nacional. Pero si la sección de sociales dio cuenta de su arribo publicando su imagen, debió de parecerles a las doncellas casaderas muy buen partido.

Beatriz Treviño de Olivares, fue la agraciada que radiante de alegría se 'llevó el gato al agua'. No menos contento debió haberse mostrado su papá, Juan de Olivares, quien de seguro no escatimó en gastos para el festejo pues daba por hecho que con ese enlace no perdía una hija…..

¡Ganaba un Defensor de Oficio!.

Y así fue el debut del buen J.B.:

Vol. 7, Exp. 17) *Pleito entre Juan de Olivares y el alférez José de Treviño Ayala, sobre el uso de agua en el Río de la Pesquería Chica; Olivares representado por Juan Bautista Chapa, su suegro* (sic por yerno). *Ante el gobernador Martín de Zavala. Monterrey Agosto de 1654.- 74 fs.*

Vol. 7, Exp. 17, fol. 23).- *Poder de Juan de Olivares a Juan Bautista Chapa, su yerno, para todas las causas, pleitos y negocios. Ante el gobernador Martín de Zavala. Monterrey, 14 de Agosto de 1654.*

Y de ahí pa'l Real… Dónde se me ocurre resaltar con marcador el nombre de Juan Bautista Chapa cada vez que le encontrara mencionado en los expedientes. El valioso volumen de Don Israel quedó pinto.

Desde esa fecha y hasta el año de 1693 es mencionado constantemente en los expedientes en sus múltiples facetas, citaré algunas de ellas, tales como:

Apoderado de su suegro Juan de Olivares en otro pleito, esa vez contra Pedro Camacho por posesión de indios. 1660.

Medidor y Fiscal Nombrado por su amigo Alonso de León, alcalde de la villa de Cadereyta para el deslinde de las tierras de un Sr. Escamilla. 1661

Testigo en el testamento de Pedro Camacho. 1662.

Testigo en el remate de bienes del Gral. Juan de Zavala. 1662.

Testigo, en el testamento y codicilo del alférez Nicolás de la Serna. 1663.

Testigo en venta de tierras a Juan Ramos de Arriola. 1664.

Juez Comisionado en el testamento de José de Ayala. 1666.

Contador para el ajustamiento de las cuentas del Cabildo.1667.

"Como persona que entiende de papeles y no haber otro en esta ciudad" como **Tasador** "de las costas de la residencia de los gobernadores Martín de Zavala y León de Alza", ordenado por don Nicolás de Azcárraga, gobernador y juez de residencia. (por esa chambita, según lo asentado en el expediente, le quedaron 40 pesos como contador y 10 pesos como tasador, me imagino que aparte de las buscas, claro. Al señor gobernador nada más 100 pesos, por las firmas, pues no era cuestión de abusar). 1667.

Como que por esas fechas y hasta 1670 se tomó un respiro dedicándose a otras actividades porque en 1668 sólo aparece su nombre mencionado en el testamento de doña Clara de Rentería como **Acreedor** de 420 pesos *que me ha dado en géneros de su tienda"* de lo que se deduce que también era comerciante. No hay indicios, en los expedientes mencionados en el libro de don Israel, de que le hayan sido mercedadas tierras, si acaso solamente un solar para casa, corral y huerta *"haciendo calle a lindes de la casa de Pedro Botello, que fue de su padre, hacia la parte de levante"* que el 5 de septiembre de 1696 solicitó su hijo Juan de Chapa y se le concedió en atención a sus servicios *"en las operaciones de guerra que se han ofrecido"*, y los de *"sus padres y ascendientes conquistadores y pobladores de este reino"* (En su libro 'El Cronista Anónimo', don Israel da cuenta de que le fueron mercedados 30 sitios de ganado menor y cuatro de mayor por los rumbos de lo que es hoy la población de General Treviño, que por cierto –añade don Israel- se le atribuye la fundación a su hijo José de Chapa).

Por otro lado se sabe que en 1688, cuando le fue mercedado, al primer asentamiento en ese lugar se le conoció como Rancho El Peliagudo.

Se avienta 'una liebrita', dando testimonio, **comisionado** por el gobernador Nicolás de Azcárraga, del testamento de Mónica Rodríguez –otro de los personajes de la novela de Mario Anteo, *'El Reino en Celo'*- en la Hacienda Los Nogales, el 8 de abril de 1671. Ese mismo año sirvió de árbitro en el pleito por 1265 ovejas de los bienes de don Martín de Zavala que se disputaban Diego Pérez de Escamilla y unos frailes del convento.

Funge como **Contador** para por fin terminar con el litigio que duró poco más de dos años por el reparto de los bienes del capitán Blas (María) de la Garza Falcón y su primera esposa Beatriz González Hidalgo. Se embarulló un tanto el asunto por lo numeroso de la prole y porque algunas de sus hijas fueron a dar a Saltillo, Cuencamé y 'Güichapa' y entre que 'yo le doy el poder a mi marido', 'yo nombro a fulano' y 'necesitamos saber el precio del ganado mayor en 1651' para tasar las dotes recibidas en ese entonces por los yernos y que el reparto sea justo, sin faltar los 'a mí no me metan en eso' parece ser que aquello se volvió un 'San Quintín', engrosando el expediente 11 del volumen 12 del Ramo Civil hasta 122 hojas sin contar las mutiladas, principalmente las del testamento del capitán don Blas. 1672.

Vol. 12, Exp.13, fol. 28) *Informe levantado a solicitud de Lucas González. Declaran: el alférez Blas de Olivares, de 37; Juana de Treviño, viuda de Juan de Olivares, de 58 'poco más o menos' y Juan Bautista Chapa*, **notario público**, *de 42. Ante el licenciado Francisco de la Cruz, cura beneficiado, vicario y juez eclesiástico de esta ciudad. Monterrey, 10 de diciembre de 1672.*

Se pierde un poco pero no tardó mucho en apersonarse por nuestra querencia -aunque bien pudo tratarse de su hijo del mismo nombre que ya empezaba a hacer sus pininos a imitación del padre- (a ver si se nos hace conocido el rumbo): Vol. 26-A, Exp. 1, fol. 27, no. 18) *El capitán Juan Cavazos, como heredero de*

Sebastián García de diez sitios de ganado menor de la otra banda del río del Pilón que éste hubo por compra al capitán Miguel de Valdés, cede a favor del capitán Juan Cantú, un potrero que es parte de esos sitios, "que empieza desde la junta del arroyuelo con el río, por la vereda que va al Encadenado y que pasa a orillas del ojo Zarco y unas lomas altas; y de allí, por la vereda que viene de los Mohinos a dar a su casa". Ante testigos: capitán Diego González, alférez Pedro García, sargento Francisco Sánchez de la Barrera y Juan Bautista Chapa. Valle del Pilón, 30 de enero de 1676.

Vuelve a hacer *mutis* y reaparece a lo grande –¿dónde más?- en San Miguel El Grande, aceptando el poder que le confiere Lázaro de Mendiola para que *in solidum* con Martín de Arizpe apoderado de Juan Sáenz de Mendiola y hermanos, todos vecinos de la villa de San Felipe en San Miguel El Grande, *defienda y ampare las tierras que fueron del capitán Hernando de Mendiola en el Nuevo Reino de León contra los herederos del capitán Alonso de Treviño* (¡firmas nó...*Don Cruz!). Ante Nicolás de Gámez, el 9 de septiembre de 1680 y ante don Miguel Diez de la Mora, caballero de la Orden de Calatrava, alcalde mayor y capitán a guerra* (ay, wei*). Villa de San Miguel El Grande, 5 de Octubre de 1681*, respectivamente. Vol. 19, Exp. 10.- fol. 8 y 13.)

Como la cosa era urgente, en menos de lo que canta 'un lustro' se atendió el asunto.

Vol. 22, Exp. 17, fol.. 15) *Juan Bautista Chapa, vecino de esta ciudad, en nombre de Lázaro de Mendiola, vecino del valle del Bizcocho, pide mandamiento de amparo a favor de éste en el derecho a las tierras que fueron del capitán Hernando de Mendiola, su tío, "de la otra banda del río de la Pesquería Grande" y en otras partes. Ante el sargento mayor, Alonso de León, teniente de gobernador y capitán general. Monterrey, 10 de diciembre de 1685.*

Aprovechando su visita al Valle del Bizcocho (Ya nomás por el puro nombre estoy tentado a darme un tiempecito para ir a conocerlo y de paso echarme unas buenas vacaciones. Sobre todo porque queda cerca de Celaya, pues aprovecharía para tratar de rescatar el negativo de la única fotografía -con el Empire State al fondo- para la que posé durante la visita a Nueva York que hicimos un grupo de Distribuidores invitados por DuPont en 1999 y que amablemente me tomó una dama con residencia en esa Ciudad guanajuatense con la firme promesa de enviármelo lo más pronto posible. Como todavía no se llega 'lo más pronto posible', para acelerar los tiempos sería una buena excusa. Como dato adicional, hago descargo de conciencia dejando asentado aquí que entre ella y dos damas más que formaron parte del grupo en esa ocasión, aprovechando su superioridad numérica y en venganza a mi anterior negativa de acompañarles en su incursión al establecimiento de Victoria's Secret en el Mall del Muelle 17 en donde se abastecieron de provocativa lencería, me forzaron a hacer, pese a revelarles, con pena y todo, mi pronunciada acrofobia, una visita a las Torres Gemelas con el único fín de echarle un vistazo a la Ciudad de los Rascacielos desde el mirador. Claro que, a despecho de demostrar una vez más mi inveterada convicción de portarme, ante las damas, caballero, por lo menos les tenía que costar el importe de mi boleto de entrada y uno que otro refrigerio y tentenpié que les acepté con la delicadeza de un 'caray, pero ¿para qué se molestaban?'. Ya estando arriba, para evitar hacer el papelón, hube de concentrarme en observar un enorme mural que relataba la evolución de aquel lugar desde la llegada de sus primeros pobladores.

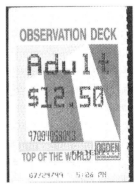

Aprovecho la oportunidad para deslindarme de cualesquiera responsabilidad derivada de la posible involuntaria derrama de salitre por nuestra parte en el malhadado edificio con el resultado que ya todos conocemos, pues, si acaso sucedió, fue en contra de mi expresa voluntad. De alguna forma los del Al Qaeda borraron los vestigios materiales de mi casi 'mal quedada', pero pues, quiérase que nó, el remordimiento, el 'susirio' y la pena, ¿quién me los quita?), el 16 de julio de 1680, en la Ciudad de Santiago de Querétaro dió testimonio de que el alférez real (el de los 160 pesos) Andrés González, era realmente Andrés González y tenía una merced de tierras en el Valle del Pilón. Al alférez le urgía el testimonio porque tenía concertada la venta a un cura beneficiado de aquel lugar, de apellidos De la Puente Arámburu, de dicha merced en 612 pesos de oro común, en reales. Y pues, alférez o nó alférez, generales o no generales, los bienes son para remediar los males. Por su parte, el cura beneficiado, con innata inclinación de corredor de bienes raíces, benefició al sargento Tomás Cantú dándole poder para tomar posesión de esas tierras y aún de otras colindantes que compró al capitán Francisco Botello de Morales.

Cuenta don Israel en '*El Cronista Anónimo*', que esas ausencias de la Ciudad de Juan Bautista Chapa se debieron o bien a acompañar a Alonso de León, el Viejo, el Cronista, en sus andanzas; ya pacificando, ya descubriendo y poblando estas tierras norestenses, o posteriormente a su hijo Alonso de León, el segundo -porque hubo tres de ese nombre que aparecen en los expedientes- que fue nombrado gobernador de Coahuila y allá le fue a servir de Secretario y por si fuera poco a las incursiones a Tejas ya mencionadas. Por cierto que en lugar del gentilicio de teranenses o montemorelenses estuvimos a punto de que se nos llamase 'zavalenses' o "zavaltecas" pues hubo un intento de fundación de una villa con el nombre de Zavala en el Valle del Pilón.

Primero, las tierras:
Vol. 8, Exp. 15) *Merced a Alonso de León, vecino de la villa de Cadereyta, de treinta sitios de estancia, veinticuatro de ganado menor y seis de mayor y seis caballerías de tierra, que fueron de Hernán García Jurado, quien no cumplió con la vecindad, en "la junta del río de Garrapatas y otro arroyo que está como al oriente entre el dicho río de Garrapatas y el del Pilón, cogiendo todo el ancón, y desde dicha junta para arriba todo lo que cogen dichos sitios..." Ante el gobernador, Martín de Zavala y Alonso Gutiérrez Pimentel, escribano real. Cerralvo, 4 de abril de 1637.*

Después, la comisión:
Vol. 8, Exp. 28, fol. 4 v., no. 6). *Comisión al capitán Alonso de León para fundar una villa con el título de Zavala, en el Llano del Pilón, capitulando con los vecinos conforme a las cédulas de nuevas poblaciones y les reparta tierras. Ante el gobernador Martín de Zavala y Juan de Rocha, escribano. Monterrey, 17 de marzo de*

1646. (Autógrafo del Cronista) No se concretó porque los vecinos no cumplieron con lo estipulado.

Pero para eso de descubrir y poblar, no todos eran incumplidos. Hubo uno que supo hacer honor a su apellido:

Vol. 23-B, Exp. 26) *Congregación hecha a favor del capitán Sebastián de Villegas Cumplido, vecino, labrador y criador de ganados mayores y menores en los términos de este reino, de los indios ampapa caegne amiguas, que quiere decir "que se untan almagre y comen pescados". Le son congregados "en una hacienda de labor de mucha consecuencia" que tiene en la Misión de San Cristobal (de los 'gualagüises') "donde tengo mi vivienda". Ante el general don Juan Francisco de Vergara y Mendoza, gobernador y capitán general. Monterrey, 26 de octubre de 1701. 2 fs.*

Hoy lo conocemos como ¿Linares?...¿Hualahuises?.

Volvamos con Juan Bautista Chapa, sin duda un convencido más de aquello de 'descansar haciendo adobes'.

Con el ánimo de *'Porque no queden sepultados en el sepulcro del olvido los singulares discursos que hizo el Capitán Alonso de León'* escribe en 1689, según se desprende del Prólogo, su *Historia del Nuevo Reino de León* tomando la estafeta de aquél que, aunque vivió hasta 1661, por diversos motivos, la había dejado registrada pero trunca en sus escritos hasta 1650 y escudándose en el anonimato para evitar las críticas de aquellos que gustan de *'reprobar desvelos ajenos'* pero que *'no me podrán señalar con el dedo, porque soy autor incógnito...'*, amén de consignar los sucesos de importancia de su época en la región, quiso *'divertir al Lector'* incluyendo en su obra algunos acontecimientos increíbles o muy raros de los que tuvo conocimiento por sus libros tales como que un ventarrón en cierto lugar del Viejo Continente levantó una yunta de bueyes, uncida y con todo y arado y los hizo volar un buen trecho o que en una villa germana nació una niña con dos cabezas o que en una isla italiana hubo un resplandor tan grande que la noche se hizo día por espacio de poco más de una hora para finalmente desaparecer el fenómeno de clavado en el mar o del extraño caso del que tuvo conocimiento -con testigos y toda la cosa- de lo sucedido al Capitán Lorenzo de León en el Valle del Pilón en que un día que temprano mandó un indio a pescar y el cual regresó con una ristra de bagres, mismos que se pusieron a cocer y que llegada la hora de la comida y puesta la mesa, al Capitán De León le tocó en suerte un bagrecillo que de repente hizo el intento como de nadar en el plato, derramando con su movimiento buena parte del caldo en la mesa. Don Lorenzo, amoscado, se negó a comerlo, pero su tío Tomás de León, testigo del hecho al igual que Santiago Vela y otros tres, bien que se lo zampó. De haber vivido en estos tiempos el buen JB, no hay duda de que Jaime Maussan contara con un acucioso corresponsal más.

Del matrimonio de **Juan Bautista Chapa y Beatriz Treviño de Olivares** (o de Olivares Treviño), vinieron al mundo siete hijos, a saber, varones: **Nicolás,** Juan Bautista, Gaspar y José María; mujeres: María y Juana.

Lo de menos sería continuar con Nicolás, lo que se antoja lógico por el hecho de resaltar su nombre con *negritas*, pero nada nos estorba asomarnos un poquito a la vida de José María que al parecer fue el que le salió más calavera pues se casó tres veces, pero ninguna de ellas con aquella que trató de arreglar el asuntito por la vía de la fuerza (aunque ya sabemos que 'a fuerza ni los zapatos') motivando con ello que Juan Bautista Chapa se encontrara por esa vez del otro lado de la mesa.

Vol. 17, Exp. 4) *Promovido por Juana González, soltera y vecina de esta ciudad, contra José de Chapa, por incumplimiento de palabra de matrimonio, e información levantada con este motivo. Ante el capitán Nicolás Ochoa de Elejalde, justicia mayor. Monterrey, diciembre de 1686. 10 fs. (Testimonio)*

Fol. 5) *Obligación de Juan Bautista Chapa, vecino de esta ciudad, sobre que José de Chapa, su hijo, se casará el día de San Juan con Juana González, hija de Juan González y Catalina Enríquez de Vivanco. Monterrey, 20 de enero de 1687.*

Fol. 6) *Auto del gobernador, marqués de San Miguel de Aguayo, para que Juan Bautista Chapa declare a dónde se ha ausentado su hijo. Declara que no lo sabe y que teniendo noticia de él, lo traerá. Dice tener 57 años. Monterrey, 2 de junio de 1687.*

Del carácter de José María y de su hermano Juan Bautista, nos da una idea lo que se asienta en el expediente 1 del Vol. 27: *Promovido por Martín Llorente, mercader residente en el real de Boca de Leones contra el capitán Juan de Escamilla, alcalde mayor de dicho real, por deuda de pesos y contra Juan Bautista Chapa, de la misma vecindad,* **por palabras descompuestas**. *Declaran: Juan Bautista Chapa, español, de 48 años (fol. T) y don Pedro de las Fuentes Campos, mercader, de este real, de 28 años (fol. 9 vto.). Ante el gobernador general don Francisco Báez Treviño. Monterrey, 4 de julio de 1704. 10 fojas.*

Cuenta don Israel en 'El Cronista Anónimo', que otro de los sinsabores que hubo de apechugar Juan Bautista Chapa fue con el único de tantos gobernadores a los que sirvió con el que por cuestiones éticas tuvo sus diferencias, el general don Domingo de Vidagaray y Zarasa, que lo desterró de por vida a por lo menos 200 leguas a la redonda y de paso lo acusó de extranjero (genovés) ante sus superiores. Todo por negarse a cumplir la orden de confiscarle los bienes a otro general, tan bilioso como él, don Pedro Cajigal y Salinas pues en ruta a Monterrey para hacerse cargo de la gubernatura, a su paso por Saltillo le hicieron una visita y don Domingo no tuvo la cortesía de levantarse de su asiento. Cuando devolvió la visita al general Cajigal éste hizo lo mismo y don Domingo lo tomó como una ofensa a su investidura. Se hicieron de palabras, se formó la rebambaramba, pero la cosa no pasó a mayores. Chapa, que consideraba a don Domingo más militar que político, aceptó la arbitraria disposición sin chistar pero el general Cajigal, que gozaba de buenas palancas, apeló a lo que el consideró una injusticia y en cosa de año y medio se resolvió a su favor y de paso del de Chapa. Todo ello salió sobrando porque a don Domingo, a resultas de un desmedido atracón que se dio con sandías y melones, le acometieron unas 'fiebres terzianas' que le expidieron sin más ni más medio-boleto, como decíamos antes (nomás de ida), al valle de las calacas. De buenas que don Domingo diez días antes había hecho su testamento y nombró albaceas a su segunda esposa doña Cecilia de Heredia, (quien quedaba viuda de treinta y tantos añitos y que es de suponerse por esas fechas una tan involuntaria como reticente co-protagonista del maledicente refrán popular de que 'Casamiento a edad madura…etc. etc.'… El bueno de don Domingo se salvó de la sentencia por una sola letra pues sólo tuvo como única ornamenta la de su sepultura) y al Licenciado don Francisco de la Calancha y Valenzuela, 'cura, presbítero y juez eclesiástico'. Me imagino que con la terminante orden, fuera de protocolo, desde luego, de impedirle a su rival tener el gusto de acudir a sus exequias. Si acaso gobernó, lo hizo por espacio de tres meses y unos cuantos días.

(En el fol. 10, del exp. 4 del Vol. 14, una parte dice: ….Entrega éste una carta del Licenciado Franciso de la Calancha y Valenzuela, de 19 de septiembre de 1681, diciendo que el gobernador Vidagaray murió "hoy día de la fecha, habiendo tenido una muerte como un ángel") …(Ahora de lo que me queda duda es eso de la mortalidad de los ángeles).

Por su parte el general don Pedro de Cajigal y Salinas, además de recuperar sus bienes, aprovechó la oportunidad para colgarse otra medallita.

Vol. 14, Exp. 4, fol. 8 vto.) El general Pedro Alonso de Cajigal y Salinas, residente en esta villa, reclama que le quitó don Domingo de Vidagaray, gobernador del Nuevo Reino de León, con quien tuvo "una pendencia a espadas" en esta villa. Saltillo, 23 de septiembre de 1681.

¡Ah, Raza!

De José María, ya sabemos que se casó tres veces, y suponemos que el hijo mayor de su segundo matrimonio (con Josefa Barrera Sánchez), Agustín Xavier Chapa, residió por lo menos durante un tiempo en Montemorelos pues, María Guadalupe Chapa, la tercera de sus doce hijos con Antonia Guajardo, aparece como oriunda de ese lugar en Mayo de 1732.

De María se sabe que se casó dos veces,
Vol. 25, Exp. 1, fol. 26 bis) *Beatriz de Treviño, con licencia de Juan Bautista Chapa, su marido, hace donación a María de Chapa, su hija y a Francisco de Treviño, esposo de ésta, de una caballería de tierra y lo que le toca de un sitio en la labor que fue de Juan de Olivares, padre del* (la) *otorgante, de la otra banda del río de la Pesquería Chica, en la partición que se hizo en noviembre de 1686, entre Juana de Treviño, su madre y demás herederos. Lo que le dona es la mitad de lo que le correspondió y la otra mitad ha sido aplicada a Juana de Chapa, su hija. Parte de las tierras colindan con las de Alonso de Olivares, su hermano y otra frente a las casas del capitán José de Ayala, "hasta llegar al paso que antiguamente iba a las Salinas donde estaba un puente y camino real de carretas" que es el lindero con las tierras del capitán Diego de Orduña. Ante testigos: Diego Gutiérrez, Jerónnimo Prieto y José de Chapa. Monterrey, 14 de febrero de 1687.* la segunda vez con un descendiente de los Rentería de la Garza Falcón y un su hijo aparece asimismo en el Censo de Camargo como poblador en 1750.

De Juana, por su testamento fechado el 6 de noviembre de 1709, año de su deceso, en el que nombra su albacea al presbítero Marcos González Hidalgo, se deduce que nunca se casó (en cierta forma justicia divina particular para aquella Juana González a la que su hermano José María dejó cariacontecida y rencorosa) pero declaró haber tenido tres hijos naturales: Cristóbal, para ese entonces fallecido, Vicente Ferrer y María Josepha a quienes nombra por sus herederos de su solar y jacal y de la parte que le toque de las propiedades de la familia *en la jurisdicción de la villa de Cerralvo*. De Juan Bautista, que se casó con María de Munguía y tuvo cuatro hijos: Cristóbal, Vicente Ferrer y María Josefa Chapa (aquí cabe la posibilidad de que o bien su hermana Juana haya tratado de dejarlos protegidos siendo sus sobrinos o este Juan Bautista los haya adoptado como propios para taparle el ojo al macho, pues los tres nombres coinciden con los hijos de su hermana) y Juan Joseph Munguía Chapa.

De Gaspar, cuya última aparición de su nombre en los archivos con el nombramiento de sargento y designado '*intérprete de la lengua mexicana*' en el folio 7 del expediente 2 del Volumen 23-A, en junio de 1693, anota don Israel en *El Cronista Anónimo*, que precisamente el día en que Juan Bautista Chapa, (que lamentablemente ya viejo y achacoso y para colmo sin muchos recursos repartía sus últimos días entre Monterrey y Cerralvo donde sus hijos se dedicaban al comercio), hizo su testamento, el 8 de enero (como que los hados tienen marcada predilección por esa fecha, 8 de enero, para dar paso a sucesos de verdad trascendentes) de 1694, falleció; tal vez se deba al hecho de morir tan joven que sólo dejara como descendiente a Pedro Chapa de su unión con María González. Pedro emparentó primero con la familia de Las Casas al casarse con Josefa de las Casas y dio vida a tres hijos y probablemente terminó sus días en Saltillo en donde posteriormente se casó otras dos veces.

Nicolás, que en 1702, según el fol. 97 del Exp. 1 del Vol. 25, se dice Alférez, residente en Cerralvo y que en mancomún con su sobrina Rosa María Treviño, (quien en los autos levantados en mayo comparece como casada y en octubre lamentablemente ya como viuda de Francisco Núñez de Carbajal antes de cumplir los dieciseis), se ofrece como fiador de su sobrino Francisco de Treviño, (Como Rosa María, también hijo de María de Chapa y Francisco Alejo de Treviño) preso en Monterrey por deuda a un Sr. Argüelles de Zacatecas (que bien enchilado porque desde hacía tres años no le pagaban tristes cinco mil pesos lo demandó), queda más que puesto para ver que decimos de él en el siguiente apartado, pero, para terminar con el que corre, tal vez sería bueno darle un vistazo a las costumbres de aquel entonces retratadas en la que para mí es una de las diligencias más curiosas de todas las reseñadas en las que participó Juan Bautista Chapa, en su larga trayectoria como secretario, escribano o testigo, etc. .

Vol. 10, Exp. 24, fol. 11) *Juana García, vecina de esta jurisdicción, viuda de Francisco de la Garza, otorga escritura de emancipación a favor de Gabriel de la Garza, su hijo, porque "es mayor de catorce años y hábil y suficiente para administrar y regir su persona y bienes".*

Para ello, le tomó de la mano "y le llegó a sí y le volvió a soltar y lo apartó de sí, diciéndole que se fuese y el se apartó, con lo que lo dio por emancipado y dio por libre del dominio y patria potestad que en el tenía…" Ante el gobernador Diego de Ayala, teniente de capitán general de este reino y justicia mayor de esta ciudad. Testigos, sargento mayor José de Treviño, Diego Gutiérrez y Juan Bautista Chapa. Monterrey, 28 de agosto de 1666.

En el siguiente folio (12), dos días después, el mismo Juan Bautista Chapa y otros atestiguan la compra que el recién emancipadito Gabriel de la Garza hace *de caballería y tercia de tierras a orillas del río La Silla* a los herederos de Mariana de Cervantes. ¡Qué tal pollo pa' la masa!.

Para terminar lo relativo a tan ilustre personaje, veamos enseguida la parte final de la 'memoria' levantada *en papel común por no encontrarse sellado* por el Alférez de los 160 pesos, ahora caudillo y alcalde ordinario de la ciudad de Monterrey, Andrés González, de los bienes dejados por nuestro conocido el Capitán Lorenzo Suárez de Longoria quien todo indica que al abandonar este mundo se encontraba en completa inopia asistido por su nuera Antonia Rodríguez, por ese entonces a su vez ya viuda de su hijo Lorenzo. Había hecho su testamento tres años antes ante el mismo Chapa

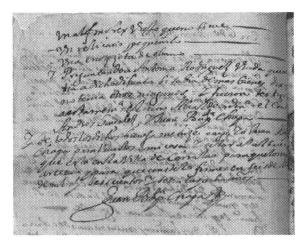

….Un alfombra(?)…alfanje(?)…...viejo que no sirve……… (*)
…Un relicario pequeñito….
… Una cruzezita de ebano….

Y preguntando a Antonia Rodríguez viuda que asistía a dicho difunto si había demás bienes dixo que no tenia otros ningunos…y fueros testigos de esta memoria el dicho Alcalde Ordinario el Caudillo Andrés González y Juan Baustista Chapa…..

Y de todos los dichos bienes me hice cargo yo Juan Bautista Chapa para llevarlos a mi casa y citar al Albacea que está en la Villa de Cerralvo para que los venga a recibir y para que conste lo firme en seis de Mayo de mil y seiscientos sesenta y ocho años…

Juan Bautista Chapa

(*) "Almofrej… almofrej…" "… funda de cama de camino…. algo así como un antecedente de lo que hoy conocemos como sleeping-bag…" me dijo Don Israel Cavazos Garza cuando acudí por segunda ocasión a su casa a enterarme, con el ánimo encogido, de su opinión sobre el presente trabajo. Un mes antes, aún sin conocerle personalmente pero convencido de su bonhomía, le había hecho impertinente guardia al frente de su residencia hasta su arribo con el fin de entregarle una copia de mi engendro y pedirle su opinión sobre el mismo. –"Tendrá que esperar su turno" me indicó caballerosamente en esa ocasión señalándome el cúmulo de textos en espera de ser revisados. Reforzó mi opinión sobre su persona semanas después con una bondadosa llamada telefónica y haciéndose un huequito en su apretada agenda ese día me regaló una pequeña muestra de su dominio de la paleografía con lo del 'almofrej' y de paso unos consejos para hacer más descansado y digerible el texto para el probable lector rematando con el de un, para mí, desconsolador -"No sea cobarde…ponga su nombre" en vista de que mi pretensión, en caso de que llegara a publicarse, era el de utilizar el pseudónimo con el que le presenté mi trabajo (del que tan orgulloso me sentía y que tantos desvelos me costó inventarme -quizá durante una semana o un poco más- en aquellas calurosas noches del verano de 1960 en Córdoba, Ver. en mi tiempo de radio-operador en la Partida Militar en esa población de mi siempre añorado 21 Batallón de Infantería por motivos que no viene ahora al caso referir) .

Le he hecho caso. Lo he puesto en la contraportada así como una escueta biografía y un retratito a lápiz que me hicieron en Querétaro a principios de 2009.

Sólo queda pendiente, si es que se llega a dar, el cumplirle aquello de -"Me invita a la presentación".

ENDO-ENLACES (III)

Pues bien, ya sabemos que el alférez **Nicolás de Chapa** contrajo matrimonio con **Inés Flores Benavides** y que se asentaron en Cerralvo.

Sus hijos fueron: Antonia, Juan Bautista, María, **María Clara**, Inés, Joseph Florencio y Miguel Eusebio Chapa.

Antonia se casó con José Salinas. Juan Bautista desposó en Cadereyta a María Rita López de Jaen, (después nos los encontraremos en Camargo) María contrajo matrimonio con Joseph de Longoria, hijo de Agustina García y Pedro Longoria el mismo que renglones arriba venía siendo *el que nos interesa para el asunto que nos ocupa;* Inés se casó dos veces, primero con Manuel Hinojosa y después con Juan Antonio Ruiz; Joseph Florencio nomás una con Margarita de la Peña y Miguel Eusebio con Ana María Guajardo (o García Guajardo). Por su parte María Clara (o séase 'Mamá Clarita') se casó con **Juan Diego Longoria**, hermano de su cuñado Joseph, en 1718.

En Cerralvo.

En donde ambos procrearon a Agueda María, Antonio, Joseph Mathías, Ana María, Juana Rosa, **Joseph Vicente**, Juana Anastasia, Pedro, Petra y Gertrudis Longoria.

CAMARGO

Fácil es deducir, para quienes hayan experimentado un entorno similar, que mucho habrá afanado aquel matrimonio tan sólo para cumplir con la manutención de sus diez hijos por más que se diga que en 'donde comen dos, comen tres' que ni para cuando es lo mismo que en 'donde lo hacen once, doce'. No hablo de oídas; vienen a mi memoria los no pocos apuros que pasaban nuestros papás para no fallar con su obligación de alimentarnos y desde luego aquella resignada recomendación de *engüeralo porque no hay más* de esos difíciles tiempos, que de facto era una sugerencia con autorización de antemano para redoblar el consumo de tortilla para suplir las poquedades del platillo que democráticamente era aportado a cada quien, cuando en mi infancia nos sentábamos juntos a la mesa la numerosa prole. (El hecho de respetar la atávica costumbre de no tocar la primera tortilla recién hecha que cayera a la canasta-puesta justo al centro de la mesa- para que sirviera de 'nidal' y que mi mamá, sacándola de aquel comal de barro con destreza de prestidigitador, lanzaba con tino de basquetbolista justo al hueco formado por la servilleta que la protegía, si bien nos templaba el espíritu, nos aguzaba el ingenio y pulía nuestro histrionismo cuando con falso desinterés y sin siquiera –lo más difícil de todo- dar muestras de ansiedad, interceptábamos con un muy bien estudiado movimiento del brazo, previo rápido cálculo mental de la distancia, el tiempo, velocidad y aún la trayectoria de la parábola, con los ojos entornados, el 'aterrizaje' o caída del siguiente OVSI (objeto volador sí identificado) apenas uno de sus bordes cumplía con la ley de gravedad en aquel recipiente. El áspero ambiente de competencia se iba distendiendo conforme la producción de OVSI's, superaba al consumo y se iban acumulando poco a poco en la canasta. Lo bueno de todo es que, con carencias y lo que se quiera, desnutridos, lo que se llama desnutridos, a ninguno de nosotros nos podían llamar así. Si acaso a uno que otro 'tripón' –pero de cariño-).

Por eso me imagino que fue fácil, si nó es que lógica, para los Longoria, con nuestro Juan Diego ya viudo de *Mamá Clarita* a la cabeza, tomar la determinación de enlistarse en el grupo de familias que se aprestaban, aquel año de 1749, para emigrar rumbo al norte. El ofrecimiento de tierras, exención de impuestos por diez años y aún la 'ayuda de costa' de 200 pesos por familia debió sonar muy atractivo.

Por esos años Don José de Escandón se dio a la tarea de fundar las poblaciones que le dieran forma al Nuevo Santander, como quien en estos tiempos establece franquicias de establecimientos de pollo frito o de los llamados de comida rápida o extienda una cadena de tiendas de autoservicio por la franja fronteriza y andaba en busca de seguidores, vinieren de donde fuera.

En el antes mencionado librito *'Catálogo de Mapas y Planos, México Tomo I'*, que me obsequiaron en el Archivo General de Indias aquella ocasión que lo visité, aparecen registrados los planos de casi todas las poblaciones fundadas, o visitadas para su mejor funcionamiento, por Escandón.

Por ejemplo:
182.- *Plano de la Villa de Altamira, quedan: Horcasitas Vuesnorueste 10 leguas, Tampico sursueste 7, La misión de Santander nornordeste, etc…* Con testimonio de las diligencias de Visita fecha por el General D. Joseph de Escandón en la villa de Altamira para su perfecto establecimiento. Remitido por el Virrey de Nueva España, Conde de Revillagigedo con carta de 12 de julio de 1751.

Con esa misma carta, el Virrey Revillagigedo envió otros catorce planos de sendas fundaciones o visitas hechas por el mismo General Escandón, a saber. (Respetando la ortografía de la época)
179.- Plano de la Villa de San Antonio de Padilla.

180.- Plano de la Ciudad de Horcasitas (SJBautista de)

183.- Plano de la Villa capital del Nuevo Santander

184.- Plano de la Villa de Reinosa.

185.- Plano de la Villa de Burgos.

186.- Plano de la Villa de Santa María de Aguayo

187.- Plano de la Villa de **Camargo**.

188.- Plano de la Villa y Puerto de Soto lamarina.

189.- Plano de la Villa de Santa María de Yera.

190.- Plano de la Villa de Santa Barvara.

191.- Plano de la Villa de San Fernando.

192.- Plano de la Villa de Revilla.

193.- Plano de la Villa de Escandón.

194.- Plano de la Villa de San Francisco de Guemes

Sabedor de que Juan Diego Longoria y sus hijos y otras cuarenta familias más procedentes de Cerralvo habían acompañado al capitán Blas María de la Garza Falcón para la fundación de Camargo y aprovechando la estancia de un mi hermano y su familia en Sevilla, en donde residen por temporadas durante el año, le encomendé solicitara información en el Archivo General de Indias, (a donde, cosa curiosa, no le permitían entrar a informarse porque no era un investigador acreditado. Algo así como ir a solicitar informes para obtener una licencia de conducir y que no te permitan la entrada por falta de licencia de conducir) sobre el camino a seguir para obtener una copia del 'Plano de la fundación de Camargo' y del 'Mapa del Camino seguido por el General Alonso de León desde Cuahuila hasta las Carolinas'.

Me informó del procedimiento y el costo y, lo mejor, me proporcionó una dirección electrónica en el propio AGI a la cual dirigirme. (Quiero ser optimista y no pensar que en algún momento se hayan visto tentados en cambiarla aún a costa de perder lo invertido en la impresión de papelería). En cuestión de semanas tenía en mi mano el par de diapositivas con el pequeño defecto de que no se distingue casi nada. Opté por solicitar por la misma vía copias fotostáticas de los expedientes.

No tardé en recibirlas.

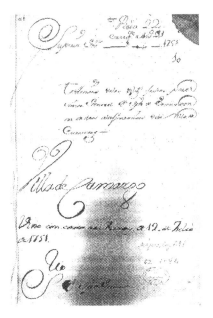

PORTADA

"Testimonio de las diligencias hechas por el señor General don Joseph de Escandon en orden a la fundación de la Villa de Camargo." "Vino con carta del Virrey, de 12 de julio de 1751."

"En la Villa de el Valle de Camargo dela colonia deel nuevo Santander dela costa de el Seno Mexicano, fundada en quatro de Marzo deel año proximo pasado de sett.os quarenta y nueve: a veinte y cinco días de elmes deMayo de mill sett.os y cinquenta a.s el Señor Don Jph. Escandon Coronel del Regimiento dela ciudad de Queretaro, Th.e de Cap.n Gral. de la Sierra Gorda y sus Miciones, precidios y fronteras y lugar Th.e de el Exmo. S.or Virrey de la nueva España en esta nominada costa del Seno Mexicano......"

Démosle un vistazo al protocolo que se estilaba en estos casos, a la caligrafía y de paso a tratar de identificar dentro del número de los pobladores, uno que otro conocido nuestro.

Villa de Camargo, y Mayo treinta y uno de mil setecientos y cinquenta años, Lista, Padrón, y Revista de las familias de Pobladores, y sus bienes que al presente se hallan existentes en esta dicha Villa en consequencia delo prevenido en el auto, que antesede, y con existencia de las personas sitadas en que son las siguientes-

Con el número uno se alcanza a leer que es Antonio de la Garza, español, casado con Doña (Margarita de la Serna).

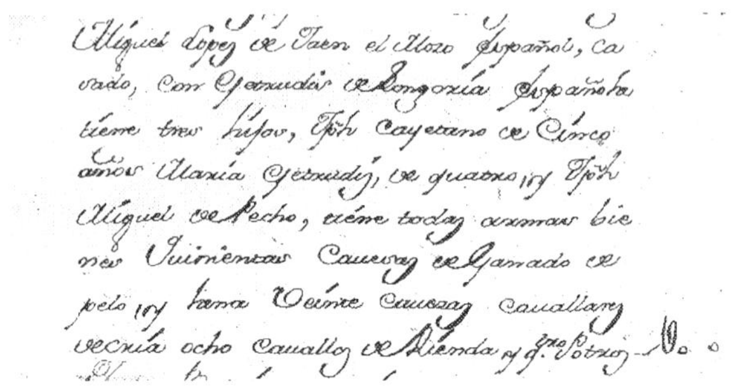

[handwritten manuscript text]

Arriba aparece el poblador # 8, Miguel López de Jaen el Mozo Español, casado, con Getrudis Longoria Española tiene tres hijos, Jsph Cayetano de cinco años María Gertrudis, de quatro, y Jsph Miguel de Pecho, tiene todas armas bienes Quinientas cavezas de Ganado de pelo, y lana Veinte Cavezas cavallares de cría ocho cavallos de rienda y q.tro Potros.

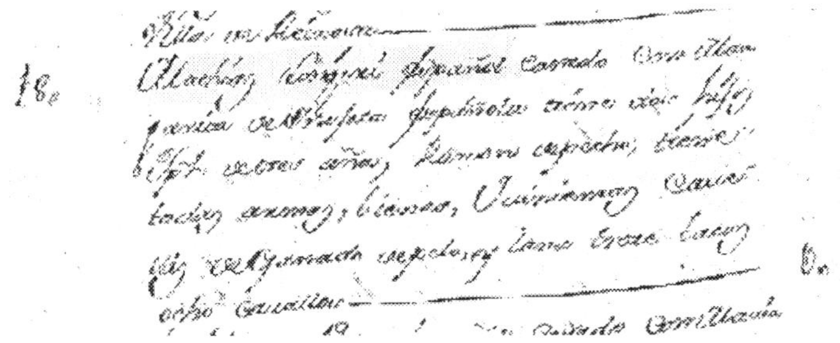

[handwritten manuscript text]

18. Mathias Longiri Español casado con Margarita de Inojosa española tiene dos hijos Jsph de tres años, Ramón de pecho, tiene todas armas, bienes, Quinientas cavezas de ganado de pelo, y lana treze bacas ocho cavallos.

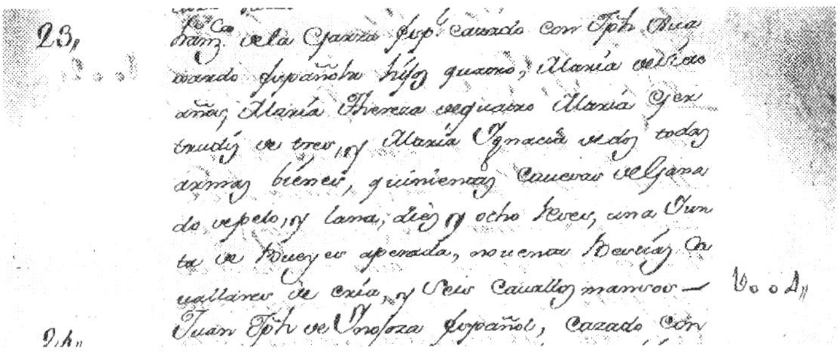

[handwritten manuscript text]

23 Francisco de la Garza Español casado con Josepha Guaxardo española hijos quatro, María de siete años, María Theresa de quatro María Gertrudis de tres, y María Ygnacia de dos todas armas bienes, quinientas cavezas de ganado

de pelo, y lana, diez y ocho reses, una Yunta de Bueyes aperada, noventa Bestias cavallares de cría, y seis cavallos mansos.(Hijo de María de Chapa (la hija del Cronista), de su 2º. Matr. con Francisco Narciso de la Garza).

Y, por fin, aquí tenemos al héroe de la película, el Capitán **Juan Diego Longoria y Flores Valdés**, y también a su hermana María, casada, al igual que su sobrina Gertrudis, con un López de Jaen.

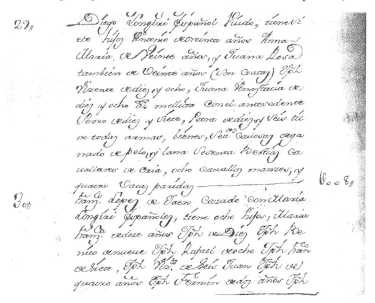

 # 29.- *Diego Longiri* Español Viudo, (aquí es de suponerse que el escribano Guevara quiso ahorrar tinta y lo despojó de su condición de Capitán, su primer nombre y su segundo apellido) *tiene siete hijos Antonio de treinta años Anna María de Veinte años, y Juana Rosa también de veinte años (son coatas)* **Jsph Vizente** *de diez y ocho, Juana Anastacia de diez y ocho & melliza con el antesedente Pedro de diez y siete, Petra de diez y seis tiene todas armas, bienes setecientas cavezas de ganado de pelo, y lana sesenta bestias cavallares de cría, ocho cavallos manzos, y quatro vacas paridas.*

30.- Francisco Lopez de Jaen casado con María Longiri Españoles, tiene ocho hijos, Maria Francisca dedoze años Jph de Diez Jph Benito denueve Jph Rafael deocho Jph Francisco desiete, Jph Vizente de seis Juan Jph de quatro años Jph Fermín dedos años Jph Santiago, a quien ha acriado de catorze años y tres sirvientes tiene todas armas bienes, mill y cien cavezas deganado depelo, y lana, diez y seis reses, veinte y nueve bestias cavallares de cría, ocho cavallos mansos.

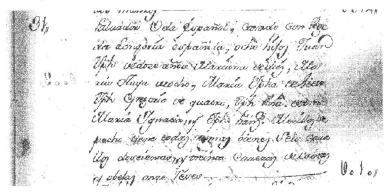

31.- *Salvador Vela Español, casado con Agueda Longoría española, ocho hijos Juan Jph dedose años Marianna dediez, María Olaya de ocho, María Jpha de siete Jph Gregorio de quatro Jph Antonio de tres María Ygnacia, y Jph Francisco Mellizos de pecho tiene todas armas bienes seis cavallos doscientes y treinta cavezas de cabras y obejas onze reses..*

Claro que no podían faltar los Chapa.

Con el numero 45 aparece Manuel de Inojosa casado con Ynés de Chapa y con el siguiente el matrimonio de Juan de Chapa y María Rita. No aparece el apellido de ella pero sabemos que es López de Jaen.

No se ilustran, pero están con el numero 53, Xavier Salinas, casado con Rosa María Longoria, hija de Joseph de Longoria y María de Chapa (la hermana de Mamá Clarita) y con el 54 su hermano Joseph de Chapa casado con Margarita de la Peña.

En total comparecieron en esa fecha 65 familias, y dice el acta:

…" Resultan sesenta y cinco familias de pobladores, las quarenta y una con ayuda de costa, y las veinte y quatro sin ellas por haber hecho gracia y donación a su Majestad de su importe, y unas y otras componen el número de quatrocientas y siete personas de las que algunas se hallan en la actualidad acavando de transportar a esta villa con sus bienes y para que conste lo firmo con los nominados M.R.Padre Precidente, y demás que expresa el auto que esta por principio; y de eyo doy fee, yo el suscrito Jph de Escandon & Fray Ygnacio Antonio Ciprián & Fray Juan Baptista Garzia & Blas María de la Garza y falcon & Juan Elias de Moctezuma & Santiago Sais & Juan Chrisostomo Moctezuma & Ante mí, Joseph de Guevara, Escribano de Guerra."

Continuaron las diligencias y se anotan las diversas naciones de indios gentiles congregados en la Villa, tales como los Jameguanos, Cueros Quemados, Guajolotes, Pajaritos, Paisanos, Venados que en 77 familias hicieron 241 individuos y el tres de junio siguiente se levanta relación de los bienes de la Escuadra y los componentes de la misma a cargo del Capitán Don Blas María de la Garza Falcón, casado en segundas nupcias con Doña María Josepha de los Santos y el Sargento Joseph Francisco de la Garza, casado con Doña María Josepha Guaxardo y sus cuatro retoños que ya habían sido consignados en la Lista de Pobladores y se terminan las diligencias *En la villa de Santa Anna de Camargo, colonia de El Nuevo Santander de la costa del Seno Mexicano en seis días de el mes de junio de mil seteciento y cinquenta* dando fé de los trabajos que en esos días se hacían en la 'saca de agua' del Río de San Juan, de los comentarios de los pobladores respecto a lo fértil de la tierra, las recomendaciones de aprovechar por lo pronto sembrando de temporal, etc. etc.

Por considerar que no está de más, pues tal vez no falte a quien le pueda servir el dato en el futuro si es que por ahí se reactiva -al estilo de esas 'cadenas' que nos prometen volvernos millonarios en unos cuantos días con sólo inscribirnos y seguir las instrucciones y que aparecen cíclicamente conforme se regenera el número de incautos que saben de ella por primera vez- nuestro ya añejo *'petro-reclamo'*, consignaré la siguiente 'Lista de Pobladores' registrados en aquella ocasión, respetando en lo posible la ortografía original:

Poblador	Esposa	Hijos
1.- Antonio de la Garza	Margarita de la Serna	10
2.- Antonio Montalvo	María de la Garza	3
3.- Thomas Guajardo	María Ygnacia Villarreal	3
4.-	Josepha Guajardo (Viuda)	3
5.-	Dorotea de Lugo (Viuda)	4
6.- Nicolás Sánchez de la Baquera	Yzavel Palacios	3
7.- Jph Antonio VillaReal (*)	María Chatarina de Inojoza	8
(*) (Le dieron muerte los indios bárbaros)		
8.- Miguel López de Jaen el Mozo	Gertrudis de Longoría	3
9.- Juan Baptista Garzía	María Rodríguez	4
10.- Antonio de Olivares	María Salinas (+)	5

	(+) (quien falleció en este Valle)	
11.- Juan Jsph López de Jaen	Ysavel Sanchez	2
12.- Juan Ramón de Quintanilla (1)	María Antonia Flores	-
(1) (Este fue por su familia y no allegado con ella, aun que avisó que estava por venir)		
13.- Juan de los Santos Garzía	Chatarina Trebiño	1 (2)
14.- Luiza (sic) González	Anna María de la Garza	10
15.- Juan Francisco Olivares	Josepha Benavides	2
16.- Xavier González	María de Olivares	7
17.- Juan Vela	Phelipha Rodríguez	2
18.- Mathías Longirí	Margarita de Inojosa	2
19.- Balthazar Vela	María Martínez	7
20.- Domingo Vela	María de las Casas	3
21.- Francisco Ygnacio Farías	Juana María Barrera	6
22.-	Juana Salinas (Viuda)	1
23.- Francisco de la Garza	Josepha Guaxardo	4
24.- Juan Jsph de Inojoza	Antonia Benavides	2
25.- Miguel López	María de Inojoza	4
26.- (murió en esta Villa)	Melchora Garzía (Viuda)	4
27.-	Manuela Vela (Viuda)	5
28.-	María Vela (Viuda)	1
29.- Diego Longirí (Viudo)		7
30.- Francisco López de Jaen	María Longirí	8
31.- Salvador Vela	Agueda Longoría	.8
32.- Juan de Moya (murió en esta villa)	María de los Santos	3
33.- Xptoval Gutiérrez (Viudo)		5
34.- Diego Garzía	María Vela	4
35.- Ygnacio Quintanilla	María Antonia Salinas	-
36.- Blas Farías	Luisa Salinas	1
37.- Xptoval Vela	Juana de VillaReal	5
	(quien falleció en esta Villa)	
38.- Juan Antonio Flores de VillaReal	Leonor Cantun	2
39.- Bartholome Treviño	Anna María Garzía	5
40.- Francisco Garzía	María Gertrudis Guajardo	3
41.- Bernardo Inojoza	Nicolasa Rendon	2
42.- Chrisostomo de Inojosa (*)	Margarita Gonzales viuda	7
	(*) qn. Murió en esta villa	
43.- Nicolás de los Santos Coi	Anna María Guerra (14) sirvientes	
44.- Francisco Antonio VillaReal(+)	Petra Rodríguez (8 hermanos)	8
(+) hijo legitimo de Francisco de VillaReal difuncto		
45.- Manuel de Inojoza	Ines de Chapa	2
46.- Juan de Chapa	María Rita	4
47.- (Peña)	Anna María Guaxardo viuda	5
48.- Francisco Guerra	Josepha de la Garza	6
49.- Francisco Xavier de Sorta(?)	Pasqual (?) de los Reyes	
(Tienen un indio llamado Domingo Xptoval de Sosa, cazado María de la Azenpción, India,5 hijos)		
50.- Joseph Vela	Phelipa de Servera	3
51.- Joseph Pérez	Clara María de la Garza	11
52.- Blas Antonio Treviño 23 años con fragua y herramienta		
53.- Xavier Salinas	María Rosa Longirí	4
54.- Joseph de Chapa	Margarita de Peña	4
55.- Juan Jph Quintanilla	Rita Sanchez	1
56.- Manuel Basquez, soltero, 30 años.		
57.- Juan de Benavides	Jacova Garzía	2

58.- Gaspar Garzía	María Gertrudis de la Barrera	2
59.- Bernave de la Garza, soltero.		–
60.- Joseph de Olivares	María de Jesus Guaxardo	6
61.- Francisco de la Garza	María Josepha Cantú	3
62.- Joseph de Inojoza	Rosa Sanchez	11
63.- Diego Flores	María de Inojoza	3
64.- Xptoval Ramírez	Mathiana de Inojoza	7
65.- Pedro Cantu	Juana González	7

Lista y muestra de la Esquadra de esta Villa de Camargo hecha por el Sr. Gral. Don Jph deescandon oy tres de junio de mill sett.os y cinquenta años

1.- Don Blas Maria dela Garza Falcon Cap.n. deella Cazado con Doña María Jpha delos Santos, tiene tres hijos Doña María Gertrudis de diez y seis años, Don Jph Antonio de doze Don Juan Jph denueve todas Armas bienes, dosmill y quinientas obejas de Cría nov.tas Yeguas de Cría de hierro para arriva, Cinq.ta Cavallos mansos, treinta mulas aparejadas y quinze en pelo Ciento y Cinq.ta Reses de Yerro para arriba diez y seis sirvientes, hombres y mujeresocho yuntas deBueyes aperadas

2.- Jph. Francisco delaGarza Sargento Español casado con Doña María Jpha Guaxardo tiene quatro hijos, etc.

3.- Thomas Rodrígues Español de veinte y ocho a.s soltero, etc.

4.- Pedro Regalado de Inojoza, de veinte y dos años, soltero, etc.

5.- Jph Francisco delaGarza español soltero de veinte y cinco años, etc.

6.- Xptoval Garzía español soltero de veinte y cinco años, etc.

7.- Blas Farías español de veinte y siete años casado con Luisa Salinas, española tiene un hijo llamado Jph de pecho, etc.
(al igual que Francisco de la Garza, también aparece en el censo de Pobladores)

8.- Juan Jph delaGarza español soltero de v.te y seis a.s etc.

9.- Jph Antonio Gonzales mestizo de v.te y siete a.s etc.

10.- Lorenzo Serna mestizo detreinta, y tres a.s etc.

11.- Nicolás Vela español de treinta, y cinco a.s etc.

12.- Pedro de Bargas español de quarenta, y cinco años casado con María Margarita mestiza tiene dos hijos, etc.

13.- Yldephonzo delaGarza español de v.te y dos a.s soltero etc.

El último poblador, registrado con el número 65, dice el acta que *fue matriculado y tomada posesión a siete de Marzo de el año pazado de setecientos, quarenta y nueve*, es decir tres días después de la fundación de Camargo.

Según otra fuente, que omite como poblador a Blas Farías, Miguel Eusebio Chapa (el hermano menor de Mamá Clarita), casado con Ana María Guajardo y sus dos hijos Nicolás y Miguel también formaron parte de las familias fundadoras. (No está del todo descaminado ese supuesto, o se asentaron después o estuvieron ausentes durante esa visita del Gral. Escandón, porque en 1767 a su hijo Nicolás le fue asignado el Lote # 22, sito al sur del Río Bravo y al Este del Río San Juan en aquel reparto tipo Fomerrey, pero a lo bestia. A su hermano Miguel le tocó el # 23).

Quedaba pendiente nomás el reparto de las tierras prometidas que sólo tardarían diecisiete años en serles adjudicadas, obviamente entre los supervivientes.

Quien sabe desde cuando el cultivo del algodón se introdujera en esa región, pero a mediados del siglo pasado abundaban los plantíos de esa -según el diccionario- malvácea. El caso es que un par de ocasiones, durante algunas semanas del verano, junto con mis padres y hermanos hube de deambular por aquellos campos que seguramente algunos de nuestros parientes antepasados abrieron al cultivo, cuando fuimos a....

LAS PIZCAS

Cuando vivíamos en Montemorelos y cursábamos la Primaria a mañana y tarde en la Escuela Mariano Escobedo, llamada Monumental, edificio que se componía de dos alas, la izquierda destinada para las niñas y la derecha para nosotros y una digamos 'aula magna' central que separaba los respectivos patios de recreo y servía para diversos actos y alguna que otra función de cine de tinte educativo, (fructíferos seis años de nuestra vida que dedicamos, en mi caso entre queriendo y nó, a absorber los conocimientos impartidos por aquellos maestros de verdadera vocación para el magisterio -ahora tan escasa gracias al mercantilismo- que sin sentirlo nos imbuían, amén de la formación de valores, lo que ahora llamaríamos el 'proyecto de vida', delineado a grandes rasgos por los títulos de los Libros de Lectura del primero al sexto grado. Así, si el de primer año se titulaba Oriente, que empezaba a desbrozarnos el cerebro y nos indicaba el derrotero, el de segundo nos enseñaba que todo se consigue Poco a Poco. El de tercero nos incitaba a seguir ¡Adelante! y si el de cuarto ya nos advertía la exigencia que deberíamos autoimponernos para Saber Leer, el quinto nos motivaba con ¡Supérate!, para, por fin, con el de sexto poder cantar ¡Victoria! sobre la ignorancia) poco tiempo nos quedaba para los juegos pero nos dábamos maña para en los recesos jugar a las canicas, o los trompos, etc. Los fines de semana nos íbamos al río Pilón, cuyas aguas por ese entonces eran cristalinas o excursionábamos por las lomas cercanas como la de La Cruz y la de La Guerra, imaginándonos atrevidos exploradores ya en plan de simple reconocimiento, ora en busca de la Flor de Palma Perdida o el Panal de las Estrellas, o simplemente desgajando una que otra rama de la abundante barreta por el mero gusto de percibir su agradable aroma (experiencia que, por atavismo, aún ahora, siempre trato de repetir las raras veces que la 'smoguienta' rutina citadina que me tiene atrapado me permite salir al campo, siempre y cuando me encuentre con ese cada vez más escaso arbusto), o esperábamos el paso del tren en el Puente Negro o en la propia Estación nada más por el gusto de verlo pasar y sentir la vibración del suelo, o la estructura del puente en su caso, que a su paso provocaba. Los domingos por la mañana mis compañeritos sufrían –eso creo, o me gusta imaginar- con mi ausencia en los juegos porque los dedicaba a saciar la sed de una precoz vocación por el 'periodismo'. En efecto, desde muy temprano, por la calle de Zaragoza casi a la altura de la Plaza de Armas, esperaba la llegada del autobús que traía los periódicos dominicales de Monterrey y 'sacaba' cinco 'Porvenires' del establecimiento del Sr. Athié (o Attié) para pregonarlos para su venta procurando que mi recorrido me fuera acercando a la casa en que vivíamos por la calle Moctezuma. Una vez que colocaba cuatro periódicos, dejaba de vocear para enfilarme como flecha a nuestra casa y tenderme en el fresco piso de cemento recién trapeado para leer 'los monitos' hojeando aquel suplemento con tacto de cirujano. Una vez que me enteraba con fruición de la última aventura de Buck Rogers en el Siglo Veinticinco con su inseparable mentor el científico Doctor Huer; que me divertía con las andanzas de Pepe y sus Amigos, de Trucutú en Gwazilandia, de las avatares beisboleros del equipo femenil de aquella heroína rubia de generosas formas, cuyo nombre escapa a mi memoria pero que tal vez era Dina y que siempre aparecía con un ojo cubierto con su sedoso cabello rubio, de la inacabable lucha de Superman con la kriptonita y los malosos, etc. devolvía con cuidado aquella sección al periódico y empezaba el camino de retorno a la Casa Athié, tratando de venderlo. Si en el camino lo conseguía o nó, no había problema: sólo liquidaba el importe de los cuatro restantes.

Debo admitir que con eso sacrificaba las bondades de la mercadotecnia en aras de mis preferencias literarias, pues con el mismo esfuerzo fácilmente hubiera podido colocar 20 o 25 'Nortes' el otro periódico regional que gozaba de mayor aceptación de los lectores y aumentar de manera cómoda el importe de mi 'comisión', pero por ese entonces esa publicación tenía el gran defecto de que su sección de 'monitos' que me parece se llamaba 'El Perico', 'El Cotorro' o algo así, ni para cuando se comparara, para mi gusto, con la de El Porvenir. De todas maneras con lo poco ganado me bastaba para asistir al 'Matinné' dominical del cine Alameda, así fuera en galería, para ver los 'rollos' de la semana de las películas de Tarzán o de Durango Kid. Por la tarde, era obligado disfrutar el juego de beisbol en el campo de la Estación del Ferrocarril y alentar la actuación de un mi vecino, herrero en la fragua de la esquina y por mal nombre 'La Chaira', zurdo, y pítcher de altos vuelos, zumbándole la bola a los contrarios con el mismo rigor con que azotaba el pesado mazo sobre el yunque para darle forma a los metales al rojo vivo y desde luego cumplir con nuestro deber de 'spirit de corps' gritándole a los lanzadores contrarios 'puro bolero' o 'echas más bolas que un canelo'.

Durante las vacaciones escolares veraniegas que llamábamos 'largas' (los últimos exámenes los presentábamos a mediados de junio y volvíamos a las aulas los primeros días de septiembre) nuestros padres a mí y a mis hermanos nos buscaban en qué ocuparnos para que no anduviéramos de vagos. Lo más común era que nos enviaban con nuestros tíos a El Llano a aportar nuestra ayuda desempeñando diversas tareas en el campo: cuidar vacas, cortar zacate, etc. A veces variaba la encomienda y nos enviaban a entregar la leche que desde la madrugada se ordeñaba y antes de que el sol se asomara ya estábamos en la carretera con dos arpilleras llenas de litros de leche en espera del autobús ya fuera de los Amarillos o de los Azules que nos transportaba a Montemorelos, donde entregábamos el producto, cobrábamos su importe y recogíamos los envases vacíos del día anterior para completar el ciclo. A la carretera nos trasladábamos en una tartana que dejábamos esperando nuestro regreso atando el caballo a una frondosa anacua que estaba en el cruce del camino que lleva a El Llano con la carretera. Hasta ese entonces el tramo más largo que recorríamos en autobús no pasaba del de los catorce kilómetros que hay de distancia entre ambos puntos. Casi le puedo llamar rutina.

Pero hubo dos veranos diferentes. Sobre todo el primero. Esa vez no nos mandaron a El Llano. -"Ya acuéstense, porque mañana nos vamos a las pizcas y tenemos que estar temprano en el autobús" nos ordenó aquella calurosa noche de julio mi papá. Creo que esa noche, de la pura emoción, despertaba cada veinte minutos esperando el inicio de aquella aventura. "¿Cuántos kilómetros serán a Reynosa?"…

Muy temprano, cargando frazadas, petates y tiliches lo esperamos. Uno de aquellos Autobuses Rojos a los que llamábamos *los de Reynosa* porque cubrían la ruta Montemorelos-Reynosa y competían por el pasaje con los Autobuses Azules y Amarillos en el corto tramo que hay de Montemorelos a General Terán que no pasa los 20 kilómetros, fue el utilizado para transportarnos. Fue la primera vez -salvo aquellas ocasiones que acompañé al Tío Nico vendiendo pan de Morelos a Terán pero que no pasábamos de las orillas- que, desde el autobús, recorriéndolo de cabo a rabo por la calle principal, conocí algo del casco de la población de General Terán. Y es el municipio en el que nací, pero hasta ese entonces todos mis viajes habían sido El Llano-Montemorelos y viceversa con la excepción de la memorable ocasión en que me llevaron en un camión de un mi Tío a la Mesa del Chorrito, en la que, contrario a lo que pudiera pensarse que iba en plan de religiosa peregrinación para visitar a la Virgen, a mí me tocó interpretar el papel de aprendiz de mercader del templo colaborando en la venta de las naranjas que llevábamos para tal propósito a los demás peregrinos. Por añadidura, una vez terminada la dotación, para no regresarnos 'de vacíos', se me encomendó la olorosa tarea de acopio de poleo que abundaba en las laderas en ese, digamos, en aquel entonces, agreste y montuoso paraje. Escenario, que yo recuerde, de mi primer encuentro con los roces de esa caricia de la naturaleza que es la neblina. Me arrobaba. (Años después durante mi añorado período verde-olivo tendría ocasiones bastantes para disfrutar de ese fenómeno climático en la neblinosa Xalapa, ora en las noches cuando, franco de servicio, caminando por sus embaldosadas y resbalosas calles, a veces disfrutaba más el privilegio de deambular por ellas que las mismas funciones de cine cuando acudía al vetusto Cine Radio o simplemente durante el trayecto a la revistería para hacerme del último ejemplar de 'La Pequeña Lulú' con el que sobornaba al cocinero en jefe del comedor del Batallón, -un Sargento de Intendencia de origen chino con el que trabé estrecha amistad merced a interminables bizantinas pláticas, a veces rayando en lo esotérico, (discusiones en las que casi siempre, comedidamente, pensando en mi estómago, salía perdiendo, dejando patente mi reconocimiento ante 'lo incontrastable de sus argumentos, sin duda producto de restos del bagaje de la sabiduría milenaria de su estirpe') sobre los variopintos caminos que el Hado depara para cada individuo para su tránsito por este Planeta y otros temas de similar sustancia-, y de quien descubrí que sentía una inexplicable, para mí, debilidad por esa revista y que en recompensa me preparaba -o supervisaba y corregía divertido el torpe despliegue de mis escasas habilidades culinarias para lograrlo- suculenta cena a deshoras; o bien durante las interminables tres horas en la guardia de madrugada cuando el primer turno en la puerta principal del cuartel me tocaba comenzarlo a media noche y terminaba mi vigilia, satisfecho, pero nunca ahíto, de estar en la compañía que desde siempre más disfruto que es conmigo mismo, en el segundo patio, a las tres de la mañana, para enseguida caer como 'piedra en ....lodo', con las botas puestas como corresponde a todo centinela que se respete por aquello de las posibles 'alarmas', en la manta tipo frazada marcada y bordada con el número 686 tendida en el piso y sin más almohada que mi mochila envuelta en aquel tosco capote de fieltro —que cuando el frío me obligaba a portarlo, no sé por qué me producía la sensación de que mi imagen era ni más ni menos que la de un fiero cosaco y ocasión hubo en que ante mis compañeros, en son de broma, ensayaba uno que otro pasito de aquellos bailes rusos conocidos por las películas, como las flexiones de rodillas extendiendo alternativamente las piernas y los saltitos de altura suficiente para chocar los tacones en pleno vuelo- que formaba parte del equipo y vestuario a mi cargo, lo mismo que la fornitura y el mosquetón calibre 7.62 de fabricación nacional marcado en la culata con el mismo número en una placa de latón fijada con remaches que depositaba en el banco de armas, justo hasta que a las seis de la mañana me despertara la Banda de Guerra que comandaba el

Sargento Bartolo y que en su repertorio tenía variados toques de levante. El que más difrutaba, transido de emoción, era el 'Tres de Diana' en su versión antigua y que el Sargento Bartolo reservaba para amenizarnos el despertar los días de Revista).

El trayecto de regreso de la Mesa del Chorrito a Montemorelos lo recuerdo vagamente, recostado sobre la lona entre los manojos de aquella yerba aspirando su grato aroma que al cabo de un rato me hizo sentirme algo adormilado y como transportado a la mansión de 'Don Pasiflorino' correteando alegremente con inasibles ninfas sólo un poco más lentas que Ana Guevara. A esa mi tierna edad, sin duda me hubiera visto en serios predicamentos de haber alcanzado alguna. (Apenas empezaban a correr los tiempos entre esas dos grandes interrogantes que ante la misma circunstancia se nos presentan en la vida, pues lo que comienza con un cándido ¿pa' qué?, por lo regular termina con un pesaroso y resignado ¡¡ya pa' qué?!). De buenas que no se les ocurrió recolectar peyote.

El agradable ronroneo de la transmisión y el mofle de aquella camioneta Ford 'de tres y media', casi del año, nos amenizó el trayecto, transitando por bien aplanadas brechas, aquella tarde de domingo que dejamos Reynosa, para llegar ya pardeando a la parcela que rentaba un emprendedor montemorelense a quien conocí sólo por su apodo de *La Muñeca* para cultivar algodón y que me imagino que se sentía más tranquilo contratando gente de su pueblo para la recolección, aunque también formaban parte del contingente de pizcadores varias familias de indígenas, según esto provenientes del Estado de Oaxaca, con quienes jamás crucé palabra pues el hecho de preferir comunicarse entre ellos con su inentendible dialecto o idioma procurando no hablar *castilla* era una barrera para nosotros, sin dejar de lado la aprehensión que me causaba convivir con individuos tan diferentes a los que hasta entonces poblaban mi reducido universo.

Un simple techo de paja y ramas de no más de 4 x 4 metros, con unas sábanas colgadas en tres de los lados nos proporcionaban precaria privacidad y protegían del sereno que por las noches jugaba a las vencidas con la fresca brisa, fue nuestra nueva morada durante aquellas semanas.

-"A mi hijo, le ha ido muy bien: ¡ya se hizo de saco nuevo!" se ufanaba la mamá del bracero aquel que se fue a las pizcas de algodón según la canción del 'Piporro' y en la que el hijo aclaraba el malentendido: -"no es saco, mamá, ¡es saca!"

Pues 'saca nueva', hecha de lona o una tela muy parecida, fue la que me tocó en el reparto para envidia de uno de mis hermanos que alcanzó una de medio-uso aquel domingo ya por la noche; la ocasión de estrenar algo desde siempre ha sido para mí una mezcla de entre júbilo y estímulo para la autoestima. (En casos como ese se demuestra la ventaja que los humanos tenemos al disfrutar esos pequeños goces sobre los seres irracionales, porque, que yo recuerde, la yunta de bueyes que teníamos en el Camino Real –el Yaqui y el Cíbolo, cuyo mote le venía de cierto parecido a un búfalo, de esos bóvidos que tanta admiración le causaran a Francisco Vázquez de Coronado y sus huestes cuando incursionaron un buen trecho del río Bravo al Norte en territorios de lo que ahora es Estados Unidos en busca de las míticas Siete Ciudades de Cíbola- no exteriorizaron actitud alguna, ya no digamos de gusto, ni siquiera muestras de aprobación o rechazo, es más creo que los pobrecitos ni cuenta se dieron la vez que estrenaron el yugo nuevo, recién pulidito, salido de las hábiles manos de aquel carpintero, nuestro vecino, a quien llamábamos el Tío Vivián. Ahora que, pensándolo bien, hay algo de similitud como instrumento de trabajo entre un yugo y una saca pues ambos se portan sobre el cuello…. ¡Ah, méndigos bueyes!).

Unas cuantas instrucciones sobre cómo portar la saca, ya pasándola entre las piernas o 'a la bandolera' –como años después lo haría algunas veces con mi mosquetón durante las excursiones fuera del cuartel, cuando se necesitaban las manos libres para otros menesteres- y la manera de ir pizcando los capullos de aquellas matas a las que a duras penas, estirándome al máximo o bien doblando las ramas, alcanzaba los más altos, fueron suficientes. Y no tardamos en encontrar la forma de sacarle cierta ventaja al medio ambiente echándole todos los kilos a la primera pizca del día que empezábamos al amanecer, cuando apenas eran distinguibles los blancos capullos, para beneficiarnos del rocío nocturno que merced a la humedad aumentaba sensiblemente el peso de lo recolectado y que se manifestaba en la primera visita a la báscula antes de vaciarlo en la llamada 'traila' que no era nada más que un remolque, bastante exageradillo en sus dimensiones, de los que conocemos ahora.

Levantarse antes del alba, desayunar café negro con tortillas de harina para regresar a nuestro refugio cerca de las nueve de la mañana después de la primera 'pesada' (-"¿Cuántos hiciste, hijito…?"–"Nomás dieciocho, 'Amá…") para un buen almuerzo, comer pasado el medio día y recogernos con los últimos rayos del sol antes de la cena, era la rutina. A veces con la saca a medio llenar que nos servía de almohada

Los sábados al medio día cesaba nuestra tarea.

Atestiguar el pago que recibía nuestro papá con aquellos billetes nuevecitos de cinco, diez y veinte pesos, y aún de los de a peso, de los llamados 'pachucos', que tenían al frente el dibujo de la Piedra del Calendario Azteca en tonos entre grises y negros y por el reverso un paisaje en color rojo ladrillo, nos llenaba de satisfacción y alborozo pues dábamos por hecho que, gracias a nuestro esfuerzo, la siempre precaria economía familiar se tomaba un buen respiro.

Los domingos recibíamos nuestro premio con un breve paseo en la ronroneante Ford que nos trasladaba a un pequeño poblado no lejos de allí, llamado Los Altos y/o San Miguel de Camargo en donde en una improvisada terraza de cine proyectaban películas aún más viejas que las que acostumbrábamos ver en aquellas matinées del Cine Alameda de Montemorelos. La compra de un sombrero nuevo en un tendajón; disfrutar una que otra paleta de las llamadas de agua o de leche; una camisa; una bolsa de celofán de papas fritas o frituras de maíz de hechura casera y una soda, completaban nuestro reconfortante descanso dominical.

Qué lejos estaba en ese entonces de imaginar que décadas después volvería a interesarme en aquellas tierras tratando de averiguar, ahora sí que nomás por saber, lo referente a las posesiones de nuestros antepasados. Sobre todo la de José Vicente Longoria Chapa a quien en este relato dejamos en 1750 en compañía de su padre (para nosotros el Capitán Juan Diego Longoria y Flores Valdés, cuyo sonoroso nombre fue sintetizado por aquel escribano de guerra de apellido Guevara que se encargó de la redacción del acta simplemente como Diego Longirí), ya viudo de Mamá Clarita, y sus hermanos aún solteros conformando el número del primer asentamiento de lo que hoy es Camargo, Tamps.

1767

José Vicente Longoria, casó, en Camargo, con María Francisca de la Garza y tuvieron seis hijos: María Josefa**, María Petra**, José Tomás, José Casimiro, Juan José y José Manuel.

Hay alguna discrepancia respecto al nombre de la esposa de José Vicente, para unos es María Francisca de la Garza y para otros María Josefa de la Garza. Si nos atenemos a que la primogénita se llamó María Josefa y además a que su hija María Petra, de su matrimonio con José Antonio Alanís a su hija le repitió el nombre, las 'Pepas' salen ganando.

(Aquí me permito deslizar un 'supongásenos': Si nos fijamos bien, en el Censo de Escandón de 1750, el poblador # 23, Francisco de la Garza, hijo de María de Chapa, la hija del 'Cronista Anónimo' y de Francisco Narciso de la Garza, su segundo marido, estaba casado con doña Josepha Guaxardo. Tenían cuatro hijas. La mayor María, de siete, como quien dice entrados en ocho. Fue cuestión de esperar a que alcanzara la menarquía a la usanza de ese entonces, (nó como algunos desconsiderados de ahora que sostienen la tesis de que, como las borreguitas, nomás pasando los 40 kilos 'ya aguantan'), para que Vicentito, que ya le había echado el ojo, por ahí de 1755, calmara sus 'ansias de novillero'. Así se explica la confusión –provocada por otra de las omisiones del *ahorratintas* escribano Guebara- del nombre: María Francisca, por don Paquito o María Josefa por doña Pepita).

Pero sería 'Pepa' o 'Pancha', lo cierto es que José Vicente, ya casado y con sus primeros dos hijos, sin armas y con dos caballos como único bien y para colmo sin derecho a ayuda por parte del gobierno pues todo indica que pasó a ser privilegio de su hermano mayor Joseph Mathias que aparece como tal, fue registrado como poblador en el Censo de Julio de 1757 en la villa de Camargo levantado por Don José Tienda de Cuervo por encargo del Virrey de ese entonces el señor Marqués de Las Amarillas.

Hubo Vicente de moverse un poco, como casi la mayoría de los camarguenses que se desparramaron por la región erigiendo un ranchito aquí otro allá, mientras se le adjudicaban sus tierras, a los confines de lo que ahora es la vecina población de Cd. Mier, Tamps. (en el entonces paraje denominado con el bonito nombre de Paso del Cántaro, derivado del arroyo del mismo nombre) lo más seguro siguiendo los pasos de su Primo Joseph Florencio Chapa –ajá, el mismo que aparece como poblador de la villa de Camargo en el censo de Escandón con el # 54- que, con su esposa Margarita de Peña, el cuñado de éste Manuel de Hinojosa y su hermana Ynés de Chapa, María Rita López de Jaen, ya viuda de su hermano Juan de Chapa, su prima Rosa María Longoria y su esposo Xavier Salinas, doña Anna María Guaxardo viuda de un hermano de doña Margarita y la runfla de hijos de todos ellos, que junto con otras familias provenientes de Cerralvo aparecen como los fundadores de Mier en 1753 sin ayuda del gobierno, siendo su Capitán y protector el mencionado Joseph Florencio Chapa.

Fue en el rancho de San Nicolás de la jurisdicción de Mier donde, como dice el huapango, José Vicente *se encontró con la huesuda, sin pensar que era la muerte'*, según la copia del acta de defunción que me quedó como único beneficio de mi relación de 'pagano frecuente' (500 dólares, en abonos) de *Softline Services,* misma que tengo extraviada pero no sin recordar que rezaba que *'murió en el campo, de mal de costado'* y hasta me parece que también apuntaba algo así como *'no testó, porque era pobre'.*

En otro censo levantado en 1757, pero en Reinosa, por el mismo Tienda de Cuervo, su hermana mayor Juana Rosa, (la anotada por el escribano de guerra Guevara como 'coata' de su otra hermana Anna María*)* aparece ya casada con el hijo del fundador de esa población, el Capitán Carlos Cantú, de nombre José Carlos Cantú.

Fue precisamente en Mier en donde nació la hija de Vicente, **María Petra Longoria,** y en esa misma población fue 'muerta por indios bárbaros' según lo que ya sabíamos cuando inició todo este relajo. De su matrimonio con José Antonio Alanís vino al Mundo **María Josefa Alanís Longoria** que al casarse con José Antonio Ramos Cantú procrearon a **Ramona Ramos Alanís** quien por su unión con Juan González Hidalgo (como luego dicen: se tardó, pero por fin salió 'la carta de abajo' de la prolífica rama de los González Hidalgo, que no podía faltar) dió vida a **Pedro González Ramos (Papá Pedrito)** cuya firma aparece en el documento ilustrado en las primeras páginas de este libro con el pretexto de demostrar que analfabeta no era.

Todo lo demás ya lo conocemos.

LAS TIERRAS

Si Felipe V reinó en España hasta su muerte en Julio de 1746 y las primeras poblaciones que dieron forma al Nuevo Santander se fundaron a partir de 1749, así Escandón haya recibido la encomienda de poblar durante los últimos meses de su reinado y éste se haya tardado tres o más años en llevarlo a cabo, el nieto del Rey Sol queda excluído como gracioso donador pues el reparto de las tierras se concretó hasta el año de 1767 cuando en el trono de España ya se encontraba Carlos III, su hijo habido con Isabel de Farnesio, que por cierto pasó a la historia como el mejor *Alcalde de Madrid'*, después de suceder a su medio-hermano Fernando VI, (segundo hijo de Felipe V y María Gabriela de Saboya, su primera esposa), que reinó hasta 1759.

Así las cosas, no nos queda más que consignar que en el dicho año de 1767 se cristalizó el reparto de 111 Lotes o 'Porciones' en una franja paralela en ambos lados del Río Bravo (entre los límites de Mier y Reynosa de este lado de la ahora frontera, prolongando esas líneas limítrofes al Norte del Río Bravo de manera casi perpendicular y proporcional para formar algo así como un rectángulo). Los Lotes o Porciones del numero 1 al 69 se demarcaron colindando con el lado sur del Río Bravo y del 70 al 111 con el lado Norte del mismo. (Para los gringos, Río Grande).

De aquellos mencionados como fundadores de la villa de Camargo en 1749, dieciocho años después sólo aparecen unos cuantos y entre ellos algunos nuestros conocidos:

Los ya mencionados Miguel y Eusebio Chapa con los Lotes # 23 y 24 de este lado de la frontera.

Del otro lado, el lote # 90 fue asignado a Salvador Vela, el esposo de Agueda Longoria, la hija mayor del Capitán Juan Diego y 'Mamá Clarita'.

El # 94, a Pedro Longoria. (Si Pitágoras no me falla, ancestro de Eva Longoria, ese bombón que actualmente causa furor en la TV norteamericana; que nació en Corpus Christi y ufana se ostenta tejana de octava generación "….porque nosotros ya estábamos aquí…nosotros no cruzamos la frontera… la frontera nos cruzó a nosotros…". Por lo pronto ya se vislumbra a una posible protagonista del primer capítulo de la saga 'Desperate Longoria-Heirs'.)

Y el # 93, por cierto uno de los de mayor extensión, a **Vicente Longoria**, según alguno y a **Vicente** Longoria y **Mathías Longoria** según otros.

En resumen: Las tierras existen y el reparto se llevó a cabo.
Vicente murió intestado. De Mathías no se sabe. La presunta heredera, Petra, fue muerta por los indios en Mier, lejos del Lote # 93 –de su extensión ni caso tiene investigar así sean acres, hectáreas, varas o cordeladas, pues al final de cuentas en la práctica tenemos derecho al 100% de nada- que quedó al otro lado de la frontera demarcada a punta de fusil por el apañe territorial que se les antojó a los gringos -no contentos del todo con que el Río Nueces fuera la línea limítrofe de su ya anexionada Texas, sino que corrieron la cerca al sur hasta el lado norte del Río Bravo (perdón, Grande) y de una vez, *¿por qué nó, si al fin y al cabo esos mexicanos las tienen muy descuidadas?* esas parcelitas llamadas Nuevo México y California, pero esta última nomás para que tuvieran donde jugar los futuros Dodgers, los 49's y los Lakers -(En varias ocasiones en que viajado por carretera por

Texas, en visitas a Houston y Corpus Chisthi, he comprobado lo ventajoso que fueron los gringos en esa ocasión, pues nos quitaron los bosques mejor conservados, las carreteras más anchas y más planitas, los puentes más largos, las playas más limpias y creo que hasta se quedaron con los ciudadanos de mayor educación cívica. Educación cívica que ha de ser muy contagiosa pues en cuanto cruzamos la frontera como que nos sentimos otros: Manejamos con más precaución, no rebasamos los límites de velocidad marcados, usamos el cinturón de seguridad así vayamos de acompañantes, ni por asomo se nos ocurre tirar una envoltura de frituras o golosina o una colilla de cigarro hacia afuera. Detenemos la marcha en cuanto los semáforos apenas presentan el ámbar, etc. etc. Yo creo que ha influir el clima. O el paisaje, pues) y que a pesar de que por el tratado de 1848 se comprometieron a respetar personas y bienes, todo indica que hubo irregularidades y tejemanejes por parte de los taimados gringos en lo que se denomina 'traslado de dominio', cuando nó las oportunas y convenientes *desapariciones* de uno que otro aferrado o reticente al estilo de aquel Juan de Olivares.

Y así, al menos para algunos de nosotros, desde 1986... *¡'pos, por éso es el pleito, caón!'*... (Como dijo el desesperado aquel que estaba a los golpes con uno porque no le gustaba que le llamaran 'cucho' y que, atraído por el alboroto, se le acerca otro su amigo peguntándole preocupado: -"¿Cucho..., ¡Cucho!... ¿Qué pasa...?... ¿Por qué te peleas...Cucho?".

EPILOGO

Ahora que estoy por concluir el relato, casi me arrepiento de haberme puesto a investigar tantas minucias pues como resultado -la interesante cuestión de la genealogía aparte, que desde ya me hacen ver con otros ojos a quienes llevan los apellidos Rodríguez, Sosa, Longoria, García, Quintanilla, Treviño, Martínez, Saldívar, Bernavides, Ramos, Cantú, Farías, Chapa, Cavazos, Guerra, Cañamar, Buentello, Rentería, Olivares, Navarro, Guajardo, Ojeda, Guerrero, Gutiérrez, Salazar, de la Cerda, Alanís, Fernández, Flores, Tapia, de los Santos, Báez, Suárez, de la Garza, Garza, de León y desde luego Fidalgo, González Hidalgo o González a secas, etc. etc. y a quienes desde siempre he tratado como simples clientes, proveedores, conocidos o amigos, en cierta forma con algo de indiferencia, como luego dicen 'cada chango a su mecate', ahora procure, con un trato más amable y hasta en cierta forma familiar, interesarme por conocer su origen pues los considero de la misma 'raza'. (Hasta hoy no me topado con ningún Albornoz, pero ya me imagino el 'pancho' que se arme si es que eso sucede)- lo único que obtuve fue agregar a mi espíritu, de por sí aprensivo, un cúmulo de dudas ya que no dejo de sentirme un poco nervioso nomás de pensar en todas las circunstancias que se hubieron de conjugar para hacer posible el acomodo de los que dicen que son algo así como alrededor de treinta mil genes de mi particular espiral del ADN. De por sí salí medio coyón y bastante preocupón o, como dirían los que de eso saben, con el temperamento inevitablemente propenso e inclinado a la angustia, ya se imaginarán lo que es tener que estar luchando día a día con la sola idea de ¿qué hubiera pasado o de qué hubiera sido de mi, (o de muchos de nosotros, aunque la verdad sea dicha, eso a mí no me consuela) en caso de que ésto o que lo otro? ¡y a diario me asaltan dos que tres aprensiones de ese tipo!.

Por ejemplo, el que mi abuelo José Salazar Rodríguez no hubiese conocido a mi abuela. O más pa'trás que el mancebo aquel que con una antorcha, queriendo hacerle al héroe, trató de volar los toneles del polvorín de Pánfilo de Narváez, cuando la refriega contra las huestes de Hernán Cortés, hubiera logrado su cometido estando el Capitán Andrés de Tapia tan cerquita. De buenas que el tonel que escogió en lugar de pólvora contenía alpargatas y que el propio Cortés le impidió continuar con su alocada acción, que si nó, quizá no hubiera habido una Inés de Tapia ni mucho menos el temerario e insensato de su hijo, el capitán Alonso de Sosa Albornoz (o al revés), al que así nomás porque sí se le ocurre irse a la conquista de Nuevo México. ¿qué tal si lo matan los indios por allá como al ancestro de Vicente Saldívar -el que nació en Zacatecas en 1597, nó aquel boxeador nuestro contemporáneo llamado 'El Zurdo de Oro'-?. Lo que es, de plano, no pensar las cosas. A mí me puede porque, así haya sucedido hace más de cuatrocientos años, puso mi propia existencia en riesgo.

O todavía más pa'trás, que el Duque de Estrada hubiera tenido más cuidado en la vigilancia de su prole, sobre todo con su hijita Luisa, que bien que anduvo por ahí de coqueta buscando ilusionada que el Príncipe de Aragón pusiera sus ojos en ella ¡y al otro que no le faltaba!: aparte de la mirada le encimó todo lo demás.(y en un descuido hasta con los ojitos cerrados o, por lo menos, entornadones).

O nomás de imaginar que Lorenzo Suárez de Longoria hubiera seguido con el sordo —para su conveniencia- de su Tío, el oidor, o que Alonso de León no hubiera jalado para acá a Juan Bautista Chapa. ¿Con quién se hubiera casado la pobre de Beatriz Treviño de Olivares?. No hubiera habido un Nicolás de Chapa y menos una 'Mamá Clarita'. N'hombre, si hasta me pongo chinito. O que el Capitán Diego Rodríguez y el Capitán de la Paz le hubieran dicho a Don Diego cuando los invitó a fundar lo que es ahora Monterrey que 'más vale malo por conocido que bueno por conocer' y se hubieran ido a Mazapil o a Zacatecas o simplemente quedarse en Saltillo y advertirle "Pos a ver como le haces, pero con nosotros no cuentes'.

Y yo de bárbaro que todavía me pongo a escarbarle a la ascendencia de Fernando El Católico por aquello de que lo que dijimos del portugués Dionís, El Rey Labrador (y poeta) no se confirme. Así *grosso modo* pasa de su papá, Juan II, a Enrique el de Trastamara y ahí se vá la cadenita hasta llegar a Carlomagno (Lo hecho, hecho está. Pero ahora que menciono a todos estos personajes, no puedo dejar de lamentar mi falta de imaginación para hacer atractivo este libro. Tan bonito que hubiera sido comenzarlo con un sonoro "Carlomagno en El Llano"), Pipino el Breve, Carlos Martel, Pipino de Heristal y a su abuelo Pipino el Viejo o de Landen, y hasta entra en el ajo una tal Yolanda, ques'que hija o nuera del Arzobispo de Metz. La cosa termina —o principia- presumiblemente allá por el año 580. De allí pa'trás, sabrá Dios.

Lo sabido es que al parecer lo único que tienen en común es que la mayoría de los mencionados eran descendientes de peninsulares.

Y hé aquí que, conforme a la Sagrada Biblia (por cierto un lujoso volumen con magníficas ilustraciones de pasajes del Antiguo y el Nuevo Testamento que bien valió la pena adquirirlo por correo en tres módicos pagos, con derecho a un Sorteo de no recuerdo cuantos miles de pesos —Ah, ese Birján, ¡con cuántas caras se nos presenta para motivarnos!- según una oferta de Selecciones, de hace algunos años), en el Génesis, en el Capítulo 10, se menciona lo siguiente:

1 Estos son los descendientes de los hijos de Noé: Sem, Cam y Jafet; y éstos los hijos que les nacieron después del diluvio:

2 Hijos de Jafet: Gomer, y Magog, y Madai, y Javan, y Tubal*, y Mosoc, y Tiras.

El asterisco nos remite a un pié de página que, con letra más chiquita, dice:

*2 De éste, según San Jerónimo y otros autores, proceden los españoles, dichos antiguamente iberios.

O sea que al final de cuentas, todos, o casi todos, los norestenses venimos siendo descendientes de Noé por conducto de su nieto Tubal (En otros capítulos lo escriben Thubal). Mejor hubiera sido de Javan, que al menos tiene nombre de futbolista, como aquel brasileño Javán Marinho que jugaba con los Rayados. O de Magog, que impacta más. Aunque lo bueno es que no fue de Tiras, que, como dice alguien que yo me sé, no tuvo oportunidad de defenderse cuando lo bautizaron. (Si es que ya existía ese sacramento).

Consignado lo anterior, no sin antes experimentar un ligero escalofrío ocasionado por el temor a lo que hubiera o nó pasado si a Don Noé no se le encomienda la construcción del Arca, no tengo más remedio que cerrar este apartado y esta Primera Parte dándole motivo al Lector de alegrarse por ver aparecer por fin la palabra precedente, pero con mayúsculas.

FIN.

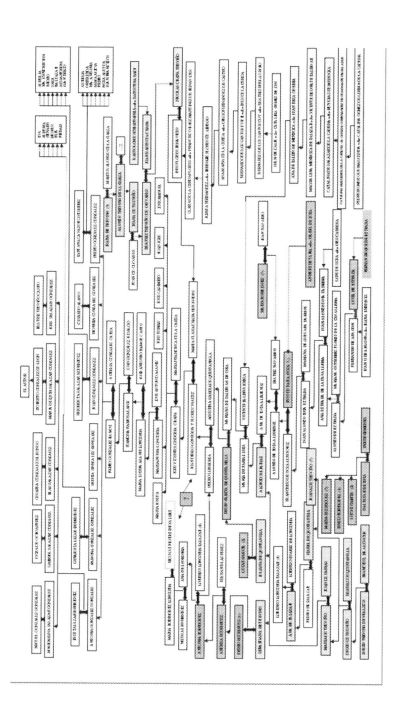

INDICE ONOMASTICO
(No exhaustivo)
(Debido a cambios en el formato original, algunas páginas pueden variar)

Chapa Flores, Juan Bautista … 160, 184,

Chapa Flores, María … 160, 170,

Chapa, Joseph Florencio … 160, 170, 184,

Chapa, María Josepha … 157,

Chapa, Miguel Eusebio … 160, 186,

Chapa, Pedro … 157,

Chapa Treviño, Gaspar … 153,

Chapa Treviño, José María … 153, 154, 156, 157,

Chapa Treviño, Juana … 153, 156,

Chapa Treviño, Juan Bautista … 153, 157,

Chapa Treviño, María … 153, 156, 158, 167, 183,

Chapa Treviño, Nicolás … 153, 157, 158, 160, 190. 192.

Chapa, Vicente Ferrer … 157,

D

De La Cavallería, Alfonso … 73,

De la Cerda, Ana … 125, 128,

De la Cerda, Ana María … 90, 96, 139, 223.

De la Cerda Flores, Ana … 140,

De la Cerda Flores, Bernardo … 140,

De la Cerda Flores, Clara … 90, 96, 140, 141, 143, 223.

De la Cerda Flores, Juana … 140,

De la Cerda Flores, María… 140,

De la Cerda Flores, Teresa … 140,

De la Cerda, Inés … 135,139, 223.

De la Cruz, José … 90, 96,

De la Fontiga, Alonso … 114, 117,

De la Garza, Antonio … 166,

De la Garza, Pedro … 90, 96,

De la Garza Falcón, Blas María … 120, 121, 149, 163,

De la Garza, Francisco … 120,

De la Garza, Francisco … 167, 183,

De la Garza, Francisco Narciso … 167, 183,

De la Garza, Gabriel … 158,

De la Garza, Juana … 120,

De la Garza, Marcos Alonso … 119, 120, 223.

De la Garza, María Francisca … 183, 223.

De la O, María (García de Quintanilla) … 90, 96, 103,

De la Peña, Margarita … 160, 170, 184,

De Las Casas, Bernabé … 96, 126, 133,

De Las Casas, Juan … 90, 96, 130, 131,

De la Serna, Margarita … 166,

De la Serna, Nicolás … 130, 133, 134,

Del Canto, Alberto … 85, 92, 93, 99, 111,

Del Río y de la Cerda Cantú, José … 125,

De León, Alonso…50, 142, 144, 147, 152, 163, 189.

De Las Casas, Fray Bartolomé… 71,

De Los Cobos, Francisco … 60,

De los Ríos, Ana … 90, 96,

M

Quintanilla, Isabel ... 89, 223.

Quintanilla, Juliana de ... 103, 104,105, 117, 118, 150,

R

Ramírez, Juan ... 95,

Ramos Alanís, José Pedro...9,

Ramos Alanís, Ramona ... 8, 185, 223.

Ramos Cantú, José Antonio ... 185, 223.

Ramos de Arriola, Juan ... 147,

Rangel Guerra, Jorge... 56,

Reza Guerra, Juan ... 79, 223.

Rentería, Anastasia de ... 123,

Rentería, Beatriz de ... 123,

Rentería, Clara de ... 123, 148,

Rentería de Castro, Gonzalo ... 104, 119, 120,

Rentería, Elvira de ... 98, 116,

Rentería, María de ,,, 123,

Rentería, Martín de ... 95, 139,

Rentería, Mayor de... 123, 139,

Rentería, Micaela de ... 123,

Reyes, Juan ... 98,

Reza Guerra, Juan ... 129, 192.

Ripperdá, Barón de ... 39,

Rocha, Joan de ... 134, 153,

Rodríguez Anahifa, Ana ... 876,

Rodríguez, Andrea ... 104, 119, 120, 132, 133, 223.

Rodríguez, Blas ... 57,

Rodríguez, Antonia ... 104, 120, 128, 135, 118, 159, 223.

Rodríguez, Antonio ... 90, 96,

Rodríguez, Bernabé ... 98,

Rodríguez, Bartolomé ... 97, 98,

Rodríguez, Beatriz ... 98,

Rodríguez, Cap. Cecilio ... 58, 59

Rodríguez, Clara ... 96, 122,

Rodríguez de Carbajal, Valerio ... 137,

Rodríguez de Castro, doña Mayor ... 90, 95, 96,

Rodríguez de Montemayor, Diego ... 97, 133,

Rodríguez de Montemayor, Dorotea ... 97,

Rodríguez de Montemayor, Francisco ... 97,

Rodríguez de Montemayor, Gertrudis ... 97,

Rodríguez de Montemayor, José ... 97,

Rodríguez de Montemayor, Juan ... 97,

Rodríguez, Diego ...104, 117, 118, 119, 120, 123, 136, 190, 223.

Rodríguez González, Benigno... 57,

Rodríguez Guajardo, María Teresa... 57, 59,

Rodríguez, Inés ... 91, 92, 93, 96, 105, 223,

Rodríguez, Isabel ... 104,

Rodríguez Longoria, María ... 137, 223.

Rodríguez, Ma. Concepción... 49,

Rodríguez, María ... 93, 96, 105, 223.

Rodríguez, Mateo ... 118,

Rodríguez, Melchora ... 96, 122,

Rodríguez Navarro, Inés ... 96,

Rodríguez Navarro, Melchora ... 96,

Rodríguez, Nicolás ... 137, 223.

Rodríguez Treviño, Andrea ... 103, 119,

Rodriguez Treviño, Inés ... 96, 97,

Rodríguez Treviño, María ... 104,

Rodríguez Treviño, Mónica ... 104, 110, 111, 162,

Rodríguez, Teodora... 57,

Romero de Maluenda, Pedro... 77, 78, 79, 80, 81, 192.

Romero, Pedro ... 116,

Rubio Mañé, J. Ignacio ... 61, 81,

Ruelas Rojo, Beatriz ... 223.

Ruiz, Juan Antonio ... 160,

Ruiz, Petronila ... 91,

S

Saavedra, Juan de ... 74,

Saboya, María Gabriela de ... 186,

Salazar, Ana de ... 117, 130, 192.

Salazar, Catalina de ... 81,

Salazar, Pedro de ... 117,

Salazar de la Cadena, Catalina ... 79, 81, 82, 223.

Salazar de Ochoa, Betsy ... 57,

Salazar de Ochoa, Dora ... 57,

Salazar de Ochoa, Elvia ... 57,

Salazar de Ochoa, Gabriel (+) ... 57,

Salazar de Ochoa, Gabriel (++) ... 57,

Salazar de Ochoa, Idalia ... 57,

Salazar de Ochoa, José ... 57,

Salazar de Ochoa, Leopoldina (+) ... 57,

Salazar de Ochoa, María del Refugio ... 57,

Salazar de Ojeda, Gabriel ... 57, 51,

Salazar García, Alma Angélica ... 57,

Salazar García, José Valente (+) ... 57,

Salazar García, José Valente ... 57,

Salazar García, Lindolfo ... 57,

Salazar García, Manuel ... 57,

Salazar Garza, Benigno...48, 41, 57,

Salazar Garza, Francisco (+) ... 57,

Salazar Garza, María Guadalupe (+) ... 57,

Salazar González, Aurora (+)... 57,

Salazar González, Aurora... 57, 223.

Salazar González, Blas ... 49, 57, 58, 223.

Salazar González, Blas (Jr) ... 57,

Salazar González, César (+) ... 57,

Salazar González, Delia ... 57,

Salazar González, Elia... 57, 223.

Salazar González, Eva... 57, 223.

Salazar González, Gabriel... 57, 58, 223.

ACOMPAÑANTES DE DON LUIS CARVAJAL Y DE LA CUEVA EN 1580.
SEGUN EL CATALOGO DE PASAJEROS A INDIAS.
VOLUMEN VI (1578-1585)

#en Vol./Fecha/Nombre/Procedencia/Padres/Esposa/Procedencia/Hijos

2724/06 may/**Pedro de Carrión**/Palencia/Pedro de Carrión-Catalina Jiménez/**Juliana de Hermosilla**/- /No.

3145/01 jun/**Manuel de Morales**/Arjona/Diego Hernández-Isabel de Morales/**Isabel Pérez**/-/**Antonio, Diego, Leonor,** y **Ana**

3146/01 jun/**Juan de Piedrola**/Arjona/Francisco de Piedrola-Barbola de Debirmas/**Inés Hernández**/Arjona/No.

3147/01 jun/**Andrés de Morales**/Arjona/Diego Hernández-Isabel de Morales/Soltero

3148/01 jun/**Bartolomé de Morales**/Arjona/Francisco de Morales-Catalina Díaz/Soltero.

3149/01 jun/**Pedro Beltrán de Guevara**/Vitoria/Juan Beltr´n de Guevara-Elvira de Avendaño/Soltero.

3150/01 jun/**Pedro de Prado**/Peñafiel/Jusepe de Villanueva-Antonia de Prado/Soltero.

3151/01 jun/**Gonzalo de Aronte**/Lergueñas/García de Aronte-Elvira García/Soltero.

3558/ 1580/**Juan de Saucedo**/Guadalupe/Pedro de Saucedo-María Núñez/**Catalina de Espinosa**/Guadalupe/ **Jerónimo, Juan, Gracia, Guiomar** y **Pedro.**

3559/ 1580/**Bartolomé Martín**/Lobón/Alonso Martín-María Andrés/**Olalla García**/-/**Miguel, María, Isabel, Francisco** y **Juan.**

3560/ 1580/**Francisco Ortiz**/Almendralejo/Alonso Hernández-Leonor Ortiz/**María Esteban**/Almendralejo/ **María, Esteban, Juan, Leonor** y **Francisco.**

3561/ 1580/**Alonso García del Corro**/Sevilla/Nuño González-María López/**Francisca de Guzmán**/-/**María, Martín, Juan Salado** y **Andrés.**

3562/ 1580/**Andrés del Aguila/Alm**adén (de la Plata)/Bernabé Martín-María Sánchez/**Francisca Núñez**/ Ciudad Rodrigo/ No.

3563/ 1580/**Pedro Alonso Enríquez**/Fuente del Maestre/Alonso Guerrero-Catalina Enríquez/**Ana de Porras**/ Zafra/**Elvira Mejía** (de apellido).

3564/ 1580/**Pedro de Rojas**/Sevilla/Pedro de Vergara-María de los Angeles/**María de la O**/Morón/**María de la Asunción, Pedro, Agustín** e **Isabel.**

3565/ 15/0/**Juan de Nava**/Sevilla/Diego Hernández de Nava-Catalina de Espinosa/**Ana Muñoz**/Sevilla/**Juan.**

3566/ 1580/**Mateo Gómez**/Ocaña/Alonso Martínez de Noblejas-María Gómez/**Jerónima López**/Ocaña/ **Antonio.**

3567/ 1580/**Francisco Rodríguez**/Santiago de Soto/Pedro González-Inés Rodríguez/**María Rodríguez**/ Santiago de Sotorde /**Antonio, Juan.**

3568/ 1580/**Pedro Hernández**/Zafra/Juan Fernández-Leonor Díaz/**Elvira Sánchez**/-/**María Hernández, María Estévez, Juan, Ana, Gómez, Leonor, Francisco, Manuel, Isabel, Catalina** y **Luis.** (fiuu)

3569/ 1580/**Diego de Madrid**/Sevilla/Alonso de Madrid-Isabel González/**Ana de los Reyes**/Sevilla/**Diego.**

3570/ 1580/**Andrés de Herrera**/Medina del Campo/Antonio de Herrera-María de Ortega/**María de la Barrera**/Olivares/ **Simón, María, Inés** y **Francisca.**

3571/ 1580/**Francisco Jiménez**/Granada/Gonzalo de Aguilar-Ana Jiménez/**María Hernández**/Ecija/Isabel.

3572/ 1580/**Juan Izquierdo**/Cariñena/Juan Izquierdo-Isabel Segarra/**Rufina Rodríguez**/Flice(¿) en Galicia/ No.

3573/ 1580/**Juan Díaz**/Sevilla/Pedro Díaz-Francisca Juárez/**Catalina Rodríguez**/Sevilla/No.

3574/ 1580/**Luis González**/Sevilla/Diego Martín-María Hernández/**Ana Rodríguez**/Sevilla/No.

3575/ 1580/**Miguel Rodríguez**/Sevilla/Juan Rodríguez-Catalina Pérez/**Violante Rodríguez**/Sevilla/No.

3576/ 1580/**Pedro de Salas**/Salamanca/Martín de Salas-María Pérez/**Ana de Heredia**/Sevilla/No.

3577/ 1580/**Pedro Rodríguez**/Pascalón/Pedro Rodríguez-María Gómez/**Catalina Díaz**/Almares/**Catalina, Isabel, Cristóbal, Inés** y **Diego.**

3578/ 1580/**Agustín Rodríguez**/Sevilla/Juan Rodríguez-Catalina Rodríguez/**Isabel de Espinosa**/-/Nó.

3579/ 1580/**Benito Esteban**/Mallorca/Nicolao-María/**Leonor de Mota**/-/**Juan** y **María.**

3580/ 1580/**Juan Beltrán**/San Juan del Puerto/Melchor Martín-Catalina Martín/**Francisca Hernández**/San Juan del Puerto/**Lope** y **Bartolomé.**

3581/ 1580/**Andrés Velasco**/San Juan del Puerto/Andrés García-Elvira Jiménez/**Elvira Beltrán**/-/**Pedro.**

3582/ 1580/**Bernardino de Bardales**/Barco de Avila/Macías de Bardales-Francisca Hernández/**Isabel Rodríguez**/Fuente de Cantos/**Hernando, Francisco Juan** y **María.**

3583/ 1580/**Juan Rodríguez Matalobos**/Fregenal/Lorenzo Hernández-Elvira García/**Catalina Sánchez**/ Fregenal/ **Catalina** y **Juan.**

3584/ 1580/**Francisco Hernández**/Jerez de los Caballeros/Pedro Hernández-Inés González/**María de Tuesta**/ Granada/**Francisco, Pedro, Inés** y **María**.

3585/ 1580/**Melchor de Cerdeño**/Medina del Campo/Jacome Cerdeño-Luisa del Aguila/**Mariana Gómez**/ Alcalá de Henares/**Lorenza**.

3586/ 1580/**FRANCISCO RODRIGUEZ**/Benavente/Baltasar Rodríguez/**FRANCISCA DE CARVAJAL** (hija de Gaspar de Carvajal y Catalina de León)/-/**Baltasar, Macías, Luis, Francisco, Miguel, doña Isabel, doña Catalina, doña María, doña Leonor,** y **doña Ana.**

3587/ 1580/**Gonzalo Pérez**/Medina del Campo/Juan Rodríguez-Felipa Rodríguez/**CATALINA DE LEON** (hija de Antonio Márquez e Isabel de León/-/No.

3588/ 1580/**JORGE DE LEON**/Medina del Campo/Gonzalo Rodríguez-**GINEBRA MARQUEZ** (hija de Antonio Márquez e Isabel de León. No.

3589/ 1580/**Francisco de Porras**/Medina del Campo/Francisco Races de Porras-Ana de Porras/Soltero.

3590/ 1580/**Diego de Valladar**/Isla, junto a Laredo/Juan Martínez de Valladar-María Sánchez/Soltero.

3591/ 1580/**Pedro Salvador**/Alcalá de Guadaira/Pedro Sánchez-Estefanía Hernández/Soltero.

3592/ 1580/**Francisco Gutiérrez**/Alcalá de Guadaira/Diego de Torres-Juana Pérez/Soltero.

3593/ 1580/**Juan del Hoyo**/Llerena/Alonso Martín-Catalinas Alonso/Soltero.

3594/ 1580/**Gabriel Ballesteros**/Toro/Blas Ballesteros-María Trabacos/Soltero.

3595/ 1580/**Juan López Urbano**/Hornachuelos/Nicolás Ruiz-Isabel Gutiérrez/Soltero.

3596/ 1580/**Andrés Burbano**/Hornachuelos/Nicvolás Ruiz-Isabel Gutiérrez(¿)/Soltero.

3597/ 1580/**Gómez Fernández Salgado**/San Martín de Noguera/Alonso Hernández-Constanza Rodríguez/ Soltero.

3598/ 1580/**Hernando Mejía**/Sevilla/Melchor Ortiz-Ambrosia Suárez/Soltero.

3599/ 1580/**Alonso Copete**/Alcántara/Alonso Copete-Francisca Duranas/Soltero.

3600/ 1580/**Francisco Ortiz**/Torresilla/Juan Ortiz-María Tejada/Soltero.

3601/ 1580/**Domingo Rodríguez**/Sevilla/Simón Rodríguez-Blanca Rodríguez/Soltero.

3602/ 1580/**Roque Gil**/Torrija/Juan Gil-Isabel de Cuevas/Soltero.

3603/ 1580/**Pedro González de Paredes**/Amusco/Pedro González-Marta Alvarez/Soltero.

3604/ 1580/**Alonso Rodríguez de Jaque**/Ciudad Rodrigo/Juan de Paz-Magdalena Rodríguez/Soltero.

3605/ 1580/**Pedro López**/Santa Cruz de la Zarza/Hernán López-Catalina Alonso/Soltero.

3606/ 1580/**Martín Gómez**/Santa Cruz de la Zarza/Juan Gómez-Catalina Sánchez/Soltero.

3607/ 1580/**Antonio López**/Santa Cruz de la Zarza/Juan Gómez-Catalina Sánchez/Soltero.

3608/ 1580/**Francisco Mazo**/Carrión de los Condes/Francisco Mazo-Felipa de Escobar/Soltero.

3609/ 1580/**Domingo Martínez**/Guernica/Pedro Martínez de Sierrata-Juana Gómez/Soltero.

3610/ 1580/**Martín de Sagasti**/Guernica/Juan de Sagasti-María Ochoa/Soltero.

3611/ 1580/**Bartolomé de Vea**/Sazos de Vascones/Bartolomé de Vea-María de Tapia/Soltero.

3612/ 1580/**Pedro López de Mendoza**/Laredo/Guillén de Mendoza-Teresa Rodríguez/Soltero.

3613/ 1580/**Alonso García**/Laredo/Alonso García Mendoza-Teresa Hernández/Soltero.

3614/ 1580/**Juan Jiménez**/Laredo/Gonzalo de Mendoza-María Sánchez/Soltero.

3615/ 1580/**Pedro Iñiguez**/Pazarón/Alonso Iñiguez-Juana Iñiguez/Soltero.

3616/ 1580/**Rafael Sánchez**/Pazarón/Alonso Sánchez-Catalina de Arroyo/Soltero.

3617/ 1580/**Luis Tascón**/Villalpando/Alvaro Tascón-Catalina Hernández/Soltero.

3618/ 1580/**Hernando de Medina**/-/Luis de Ardillones-Isabel de Medina/Soltero.

3619/ 1580/**Gaspar de Rojas**/Guadalajara/Pedro el Rojo-Leonor Pérez/Soltero.

3620/ 1580/**Andrés Duarte de Figueroa**/Jerez de la Frontera/Duarte Rodríguez-Isabel González/Soltero.

3621/ 1580/**Don Juan de Portugal**/México/Hernando de Portugal-Magdalena Pinelo de Villegas/Soltero.

3622/ 1580/**Luis Pimentel**/Villada/Enrique Pimentel-Isabel Carvajal/Soltero.

3623/ 1580/**Diego Hernández**/Benavente/Jerónimo Hernández-María Rodríguez/Soltero.

3624/ 1580/**Felipe Núñez de Ribera**/Sevilla/Andrés Núñez-Gracia Núñez/Soltero.

3625/ 1580/**Nicolás de Heredia**/Adamuz/Bartolomé Gómez-María González/Soltero.

3626/ 1580/**Juan Rodríguez**/San Juan del Puerto/Juanes de Unceta-Catalina García/Soltero.

3627/ 1580/**Vicente Núñez**/Sevilla/Jerónimo Núñez-Leonor Méndez/Soltero.

3628/ 1580/**Gaspar Delgado**/Córdoba/Francisco Delgado-Isabel Rodríguez/Soltero.

3629/ 1580/**Pedro de Valdés**/Burgos/Juan de Valdés-Magdalena Ortiz/Soltero.

3630/ 1580/**Francisco de Madrid**/Córdoba/Jerónimo Ruiz-María de Madrid/Soltero.

3631/ 1580/**Antonio de Alcega**/Nuestra Sra. de Arandia, Vizcaya/Juan de Alcega-Mayor de Alcega/Soltero.

3632/ 1580/**Gabriel Gutiérrez**/Valladolid/-/Soltero.

3633/ 1580/ **LUIS DE CARVAJAL**/Benavente/GASPAR DE CARVAJAL-CATALINA DE LEON.

…………………

……………………..

……………………...

# de Registro	Fecha	Nombre	Origen	Padres	Estado Civil
3056	28-May	**Antonio de Barrionuevo**	Soria	Antonio de Barrionuevo Juana Gaitán	Soltero / Criado del Virrey
3057	28-May	**Juan Pérez de Vargas**	Alcalá de Henares	Martín de Zevallos de Vargas Ana de Santander	Soltero / Criado del Virrey
3058	28-May	**Francisco de Aguilar de Sotomayor**	Guadalajara	Juan de Aguilar de Herrera Catalina Páez	Soltero / Criado del Virrey
3059	28-May	**Juan de Heredia**	Guadalajara	Diego Díaz de Irarqui María del Río	Soltero / Criado del Virrey
3060	28-May	Francisco de Ribadeneyra	Granada	Francisco de Ribadeneyra Isabel de Avellaneda	Soltero (No pasó - en su lugar Eugenio de Vargas # 3207)
3061	28-May	**Juan de Lazarte**	Guadalajara	Luis de Lazarte Bernardina Vázquez	Soltero / Criado del Virrey
3062	28-May	**Benito de Antequera**	Guadalajara	Martín de Montalvo Angela Ortiz de Antequera	Soltero / Criado del Virrey
3063	28-May	**Don Cristóbal de Ayala**	Valladolid	Luis de Villa Isabel de Ayala	Soltero / Criado del Virrey
3064	28-May	**Alonso de la Coruña y de la Cerda**	Guadalajara	Alonso de la Coruña y Castañeda Inés de la Cerda	Soltero / Criado del Virrey
3065	28-May	**Don Pedro de Cisneros**	Carrión de los Condes	Juan Mier Juana Enríquez de Cisneros	Soltero / Criado del Virrey
3066	28-May	**Pedro Flores**	Coria	Martín de Herrera Beatriz Flores	Soltero / Criado del Virrey
3067	28-May	**Gaspar de Torres de la Fresneda**	Alcalá de Henares	Luis Torres de la Fresneda Elvira de Torres	Soltero / Criado del Virrey
3068	28-May	**Gabriel de Mesa**	Cogolludo	Rodrigo de Mesa Isabel de Sepúlveda	Soltero / Criado del Virrey
3069	28-May	**Juan de Castro Garay**	Burgos	Gregorio Fernández de Castro Beatriz Montero	Soltero / Criado del Virrey
3070	28-May	**Antonio de Cortázar**	Durango	Martín Ruiz de Cortázar Estivalis de Zubiurriti	Soltero / Criado del Virrey
3071	28-May	**Pedro Comparán**	Burgos	Hernando de Comparán Francisca de Zúñiga	Soltero / Criado del Virrey
3072	28-May	**Jusepe de Villanueva**	Madrid	Jusepe de Villanueva Antonia de Prado	Soltero / Criado del Virrey
3073	28-May	**Pablo Rodríguez**	Fuentes de Eume	Pablo Rodríguez Sotelo María Hernández Varela	Soltero / Criado del Virrey
3074	28-May	**Pedro Moreno**	Momblona	Juan Moreno María Hernández Varela	Soltero / Criado del Virrey
3075	28-May	**Pedro Bravo**	Beleña	Martín Bravo Francisca Jiménez	Soltero / Criado del Virrey
3076	28-May	**Francisco de Avila**	Castillo de Garci Muñoz	Pedro de Avila Catalina Núñez de Avendaño	Soltero / Criado del Virrey
3077	28-May	**Cristóbal de Abazo**	Guadalajara	Pedro López Catalina de Eraso	Soltero / Criado del Virrey
3078	28-May	**Pedro de Soto**	Guadalajara	Alonso de la Mota Francisca de Rioja	Soltero / Criado del Virrey
3079	28-May	**Melchor de Ayala**	Guadalajara	Alonso de la Mota Francisca de Rioja	Soltero / Criado del Virrey
3080	28-May	**Hernando de Rueda y Avila**	Provencio	Francisco del Castillo Aldonza de Avila	Soltero / Criado del Virrey
3081	28-May	**Francisco del Castillo**	Randona	Francisco del Castillo Catalina Bravo	Soltero / Criado del Virrey
3082	28-May	**Melchor de la Torre Calderón**	Guadalajara	Melchor de la Torre Ana Ortiz	Soltero / Criado del Virrey
3083	28-May	**Juan de Salazar**	Guadalajara	Miguel de Mendoza María de Saucedo	Soltero / Criado del Virrey
3084	28-May	**Jerónimo de la Parra**	Taracena	Luis de la Parra Juana de Oro	Soltero / Criado del Virrey
3085	28-May	**Juan de Castro**	Cogolludo	Vicente de Castro Gracia de Aparicio	Soltero / Criado del Virrey
3086	28-May	**Diego del Arco**	Guadalajara	Francisco Moreno	Soltero / Criado del Virrey

				Juana del Arco	
3087	28-May	Diego de Sotomayor	Coruña	Jerónimo de Sotomayor	Soltero / Criado del Virrey
				María de Otañez	
3088	28-May	Alonso de Bracamonte	Guadalajara	Baltasar de Bracamonte	Soltero / Criado del Virrey
				Ana de Hermosa	
3089	28-May	Cristóbal Osorio	Guadalajara	Cristóbal de León	Soltero / Criado del Virrey
				María de Robles	
3090	28-May	Martín de Arbieto	Orduña	Juan López de Arbieto	Soltero / Criado del Virrey
				María de Biruño	
3091	28-May	Lic. Juan Bautista de Villalobos	Sevilla	Luis de Medina	Soltero / Criado del Virrey
				Juana de Medina	
3092	28-May	Pedro de Olmos	Guadalajara	el bachiller Olmos	Soltero / Criado del Virrey
				María Hernández	
3093	28-May	Juan Tomás	Segovia	Gregorio Lumel	Soltero / Criado del Virrey
				María de Flores	
3094	28-May	Vicente de Castro	Cogolludo		Soltero / Criado del Virrey
3095	28-May	Don Alonso de Acuña	-	alcalde Lara de Buiza	Soltero / Criado del Virrey
3096	28-May	Jerónimo de Neira	Valladolid	licenciado Neira	Soltero / Criado del Virrey
				Antonia Sedeño	
3097	28-May	Luis Vaca	Fromista	Antonio Calabaza	Soltero / Criado del Virrey
				María Baza	
3098	28-May	Juan Román	Yriepalo?	Juan Román	Soltero / Criado del Virrey
				Ana de Yeves	
3099	28-May	Alonso Arias	Cogolludo	Alonso Arias	Soltero / Criado del Virrey
				Juana Sánchez	
3100	28-May	Antonio de Niebla	Zamora	Pedro López de Niebla	Soltero / Criado del Virrey
				Magdalena Rodríguez	
3101	28-May	Juan Colodro	Cobeña	Sebstián de Lucas	Soltero / Criado del Virrey
				Juana Morato	
3102	28-May	Baltasar Sánchez	Tarazona	Melchor Sánchez	Soltero / Criado del Virrey
				María Camarga	
3103	28-May	Pedro de Zúñiga	Torrija	Alonso de Zúñiga	Soltero / Criado del Virrey
				Juana de Cuenca	
3206	02-Jul	Don Alonso de Mendoza	Guadalajara		Soltero / Criado del Virrey
3207	02-Jul	Eugenio de Vargas	Madrid	Sebastián de Vargas	Soltero / Criado del Virrey
3208	02-Jul	Juan de Vides de Ribera	Sevilla		Soltero / Criado del Virrey
3209	02-Jul	El Licenciado Vides	Sevilla	Juan de Vides de Rivera	Soltero / Criado del Virrey
3210	02-Jul	Hernando de Villavicencio	Valladoilid		Soltero / Criado del Virrey
3211	02-Jul	Juan de Arguello	León		Soltero / Criado del Virrey
3212	02-Jul	Sebastián Abad	Torrija		Soltero / Criado del Virrey
3213	02-Jul	Adrés Abad	Latanzón		Soltero / Criado del Virrey
3214	02-Jul	Francisco de Cuenca	Torrija		Soltero / Criado del Virrey
3215	02-Jul	Antonio Martín	Palazuelos		Soltero / Criado del Virrey
3216	02-Jul	Gonzalo de Ronte	Retuerto		Soltero / Criado del Virrey
3217	02-Jul	Francisco de Castillo	Mohernando		Soltero / Criado del Virrey
3218	02-Jul	Marcos Hernández	Buitrago		Soltero / Criado del Virrey
3219	02-Jul	Francisco Granero	Alarcón		Soltero / Criado del Virrey
3220	02-Jul	Pedro Manchado	Beleña		Soltero / Criado del Virrey
3221	02-Jul	Rafael de Valles	Fuente la Encina		Soltero / Criado del Virrey
3222	02-Jul	Marcos García	Sevilla		Soltero / Criado del Virrey
3223	02-Jul	Juan Pastor	Guadalajara		Soltero / Criado del Virrey
3224	02-Jul	Luis de :Luyando	Sevilla		Soltero / Criado del Virrey
3225	02-Jul	Francisco de Ibarra	Eibar		Soltero / Criado del Virrey
3226	02-Jul	Alejandro de la Mota	Torrija		Soltero / Criado del Virrey
3227	02-Jul	Francisco de Villar	Tudela		Soltero / Criado del Virrey
3228	02-Jul	Pedro Martín	Alcalá de Henares		Soltero / Criado del Virrey
3229	02-Jul	Baltasar de Valdepañas	Sevilla		Soltero / Criado del Virrey
3230	02-Jul	Juan Méndez de Córdoba	Guadalajara		Casado / Criado del Virrey
3231	02-Jul	Jerónimo de Sotomayor	La Coruña		Casado / Criado del Virrey
3232	02-Jul	El Licenciado Contreras	Guadalajara		Casado / Criado del Virrey
3233	02-Jul	Juan Rodríguez	Guadalajara		Casado / Criado del Virrey
3234	02-Jul	Pierre Gotota	Guadalajara		Casado / Criado del Virrey
3235	02-Jul	Diego Calvo	Marchamalo		Casado / Criado del Virrey

ACOMPAÑANTES DE DON GASPAR DE ZUÑIGA Y ACEVEDO, CONDE DE MONTERREY
SEGÚN EL CATALOGO DE PASAJEROS A INDIAS.(Vol.VII)
AÑO DE 1595.

en Vol/Fecha/Nombre/Procedencia/Padres/Esposa/Procedencia/Hijos.

4010/27 jun/**GASPAR DE ZUÑIGA Y ACEVEDO**, Conde de Monterrey/-/-/No.

4011/27 jun/**Francisco de Arauz**/Chaves/Gaspar de Arauz-Beatriz Salgado/-/-/No.

4012/27 jun/**Juan de Montalvo**/Arévalo/Juan de Montalvo-Lucía Velázquez/María de la Vega/Medina del Campo/No.

4013/27 jun/**Gregorio de Posada**/Llanes/Juan Pérez de Posada-María Bernarda/-/-/Soltero.

4014/27 jun/**Pedro de Montalvo**/Martín Muñoz de las Posadas/Hernando de Montalvo-Francisca del Canto/-/-/Soltero.

4015/27 jun/**Don Rodrigo de Frías**/Guadalajara/Sancho López de Frías-doña Francisca de Corbalán/-/-/Soltero.

4016/27 jun/**Don Gonzalo de Monroy Enríquez**/Salamanca/Gonzalo de Monroy-doña Mariana de Guevara/-/-/No.

4017/27 jun/**Esteban Velázquez**/Valladolid/Juan Velázquez-Catalina Buena/-/-/No.

4018/27 jun/**Benito de Sande Yanes**/Allariz/Antonio Lorenzo-Inés Pérez/-/-/No.

4019/27 jun/**Francisco de Varcena Carasa**/Valladolid/Lucas de Varcena Carasa-Isabel Romera/-/-/No.

4020/27 jun/**Juan de Salamanca**/Valladolid/Juan de Salamanca-Ana de Alderete/-/-/No.

4021/27 jun/**Pedro de Villarroel**/Pozurama(?)/Juan Vázquez de Villarroel-Magdalena de Celis/-/-/No.

4022/27 jun/**Don Juan Alonso de Mojica**/Burgos/Juan Alonso de Mojica-doña Ana de Aceves/-/-/No.

4023/27 jun/**Bartolomé Encio**/Gricio/Payo Colmenero-Sancha Salgada/-/-/No.

4024/27 jun/**Don Diego de Matienzo**/Valle de Ruesga/Lic. Juan de Matienzo-doña María de Ríos/-/-/No.

4025/27 jun/**Don Gaspar de Arceo Carvajal**/Santo Domingo/Lic. Pedro de Arceo-doña Isabel de Soto/-/-/No.

4026/27 jun/**Juan de Olea**/Villalpando/Diego de Olea-doña Francisca de Medina/-/-/No.

4027/27 jun/**Don Alonso de Ulloa**/Chantada/Diego de Somoza de Castro-doña María de Ulloa/-/-/No.

4028/27 jun/**Antonio Vallejo**/La Mota del Toro/Antonio Vallejo-María Hernández/-/-/No.

4029/27 jun/**Diego de Benavente**/Medina del Campo/Diego de Benavente-doña Gaspara de Garay/-/-/No.

4030/27 jun/**Miguel Ochoa de Avila**/Toledo/Pedro Núñez de Avila-Catalina Ortiz Ochoa/**Ana Ortiz de Lizana**/Berlanga/**Francisco Núñez de Avila**, **Antonio** y **doña Micaela.**

4031/27 jun/**Don Antonio Enríquez**/Cazares/Don Pablo Enriquez de Mayorazgo-doña María Marino/-/-/No.

4032/27 jun/**Diego de Vela**/Alcázar/Alonso Vela-Elena Díaz/-/-/No.

4033/27 jun/**Don Pedro Gallo de Cueva**/Burgos/Juan Gallo de Cueva-doña María de Curial/-/-/No.

4034/27 jun/**Rodrigo de Santillana**/Salamanca/Juan Fernández-Isabel Nieta/-/-/No.

4035/27 jun/**Gaspar de Santiago**/Salamanca/Juan de Santiago-Aldonza Alvarez/-/-/No.

4036/27 jun/**Francisco de Santiago**/Valle de Mena/Francisco de Santiago Velasco-Magdalena García de Herrera/-/-/No.

4037/27 jun/**Marcos Fandiño**/Ulloa/Juan Marino de Goyanes-María Hdez.de Aguiar/-/-/No.

4038/27 jun/**Antonio de Villasante**/Salamanca/Andrés Soasuni(¿)-doña María de Estrada/**María de Villacorta**/Zamora/**María de Villacorta.**

4039/27 jun/**Juan de Bustamente**/Aguilar de Campoo/Juan Gómez de Colmenares-doña Francisca de Bustamente/-/-/No.

4040/27 jun/**Francisco Alvarez**/Galicia/Juan Alvarez-María de Rivera/-/-/No.

4041/27 jun/**Juan de Orfanelo**/Valcastro/Bartolomé de Orfanelo-Juana de Sopeña/-/-/No.

4042/27 jun/**Francisco Romero**/Madrid/Gaspar Romero-doña Agustina de Uramendi/-/-/No.

4043/27 jun/**Don Francisco Ramírez de Arellano**/Guadalajara/Francisco de Arellano-doña Ana del Aguila/-/-/No.

4044/27 jun/**Pedro Hurtado de Corcuera**/Salinas de Enaña(¿)/Pedro Hurtado de Corcuera-Francisca Ruiz de Barrón/-/-/No.

4045/27 jun/**Don Hernando de Torres**/Carrión de los Condes/Juan Torres Quijada-doña Antonia Noguerol de Ulloa/-/-/No.

4046/27 jun/**Juan de Naveda Guemes**/Frías/Gabriel de Naveda Guemes-Juana de Herrera/-/-/No.

4047/27 jun/**Francisco de Carriedo**/Baza/Alonso de Carriedo-María de Madrid/**María de Loaysa**/Toledo/ **Diego**, **Ana**, **María** y **Antonia**.

4048/27jun/**Antonio de Novoa**/Orense/Cristóbal de Novoa-Catalina Feijo/**MaríadeAraujo**/Berin/**Francisca Salgada**.

4049/27 jun/**Pablo Juares**/Moreas de Limia(¿)/Antonio Juares-Francisca Juares/-/-/No.

4050/27 jun/**Gaspar Gallego**/Valdesgueva(¿)/Gaspar Gallego-María López/**Antonia Martínez**/Población/ No.

4051/27 jun/**Juan Martínez de Rozas**/Rozas/Rodrigo Martínez de Rozas-Catalina Fernández/-/No.

4052/27 jun/**Toribio Hernández de Belloreda**/Valle de Cayón(¿)/Juan Fernández de Belloreda-María Díaz de Bustillo/-/No.

4053/27 jun/**Juan Colmenero**/Monterrey/Francisco de Mores-doña María de Andrada/-/No.

4054/27 jun/**Pascual Martínez**/Villaoz(¿)/Gonzalo Marinero-María Alvarez/-/-/No.

4055/27 jun/**Don Alonso de Bracamonte**/Avila/Alonso de Bracamonte-doña Isabel de Cuevas/-/-/No.

4056/27 jun/**Toribio Pérez**/Carriedo/Juan Pérez-María Sánchez de Arce/-/-/No.

4057/27 jun/**Alonso Ojea**/Jinzo(¿)/Juan Ojea-Aldonza Gómez/-/-/No.

4058/27 jun/**Don Francisco de Neria**/Madrid/Florián de Neria-María de Pereda/**doña Juliana de la Peña**/ Madrid/No.

4059/27 jun/**Diego de Vega Ramírez**/Medina de Rioseco/Diego de Vega-doña Magdalena Delgada/**María Osorio de Quiñones**/León/No.

4060/27 jun/**Juan de Buiza**/Montrondo(¿)/Toribio de Buiza, escribano,-Isabel Alvarez/-//No

4061/27 jun/**Juan de Sotelo**/Zamora/Juan de Cisneros Sotelo-María de Vega/-/-/No.

4062/27 jun/**Don López de Ulloa**/Amarante/Antonio de Lemus-doña Francisca de Ulloa/-/-/No

4063/27 jun/**Esteban Pérez**/Ysaba(¿)/Sebastián Pérez-Gracia Prieto/-/-/No.

4064/27 jun/**Francisco López Gutiérrez**/Zafra/Hernán López el Mayor-Isabel Gutiérrez de Mesa/**Isabel de Orellana**/Trujillo/**doña Isabel Gutiérrez de Mesa**.

4065/27 jun/**Diego López**/Zafra/Luis González-Inés López/-/-/No.

4066/27 jun/**Juan Durán**/Zafra/Diego Herce Durán-Elvira Montera/-/-/No.

4067/27 jun/**Antón García**/Puebla de Sancho Pérez/Antonio Pérez-Beatriz González/-/-/No.

4068/27 jun/**El Licenciado Diego Núñez**/Palencia/Luisino (¿)-Eufrasia de Tranda/-/-/No.

4069/27 jun/**Cristóbal de Molina**/Ciudad Real/Pedro de la Zarza Molina-doña Inés de Molina/-/-/No.

4070/27 jun/**Don Gaspar de Soria**/Segovia/Juan Osorio-doña María Moreno/-/-/No.

4071/27 jun/**Bartolomé de Vivero**/Valladolid/Gonzalo García-Ana Gutiérrez/-/-/No.

4072/27 jun/**Bartolomé de Tuñanes**/San Vicene de la Barquera/Bartolomé de Tuñanes-María González/-/-/ No.

4073/27 jun/**Pedro González**/Peñafiel/Francisco Huete-Agueda González/-/-/No.

4074/27 jun/**Francisco Luis**/Tudela/Dionisio de Cascante-Jerónima de Ybar/-/-/No.

4075/27 jun/**Diego de Rioseco**/Berlanga/Luis de Rioseco-Ana de Licizano/**Petronila de Heredia**/Villalpando/ **Luis de Rioseco**, **José** y **doña Ana María**.

4076/27 jun/**Juan de Linares**/Berlanga/Pedro de la Cal-Juana García/-/-/No.

4077/27 jun/**Luis Alfonso de Fuenteponilla**/Logroño/Diego Alonso de Fuenteponilla-Catalina de Contreras/-/-/No.

4078/27 jun/**Leonardo Maldonado**/Málaga/Juan Pérez Román-doña Ana de Mendoza/-/-/No.

4079/27 jun/**Antonio de Mata**/Salamanca/---/**María de Aguilar**/-/**José de Mata**. **María**, **Ana** y **Bernardina**

4080/27 jun/**Juan Verdugo**/Olmedo/Juan Verdugo-doña Beatriz Zuazo/-/-/No.

4085/28 jun/**Juan Martínez de Guilléstegui**/Ondarroa/Juan Martínez de Guilléstegui-doña María San Juan de Ormaechea/con su sobrino **Rodrigo de Guilléstegui**.

4086/28 jun/**Ladrón de Peralta**/Corella/Lic. Ladrón de Peralta-doña María de Lizao. Soltero (como criado de Juan Martínez de Guilléstegui)

4087/28 jun/**Luis de Monsalve**/Sevilla/Juan de Monsalve-doña Beatriz de Melgarejo.Soltero (como criado de Juan de Montalvo # 4012)

4096/29 jun/**Juan Ibáñez de Hoyos**/Puebla de Montalbán/Francisco de Hoyos-Juana de la Casa (como criado de Francisco de Carriedo #4047) .Soltero.

4106/04 jul/**Isabel Velázquez**/Zafra/Luis González el Viejo-Lucía Velázquez/soltera. (como criada de Francisco López Gutiérrez #4064)

BIBLIOGRAFIA

HISTORIA VERDADERA DE LA CONQUISTA DE LA NUEVA ESPAÑA.
Bernal Díaz del Castillo.
Alianza Editorial, 1991.
.....

LA CONQUISTA DE MEXICO.
Hugh Thomas.
Editorial Planeta. 2001.
.....

MEXICO MUTILADO
Francisco Martín Moreno.
Alfaguara. 2004.
.....

EL NUEVO REINO DE LEON Y MONTERREY.
Israel Cavazos Garza.
Grafo Print Editores, SA CV 1998
(1000 ejemplares. Edición auspiciada por el
Honorable Congreso del Estado de Nuevo León, LXVIII LEGISLATURA)
.....

CATALOGO DE PASAJEROS A INDIAS, Volumen VI, (1578-1585)
                                  Volumen VII, (1586-1599)

Archivo General de Indias - Sevilla
María del Carmen Galbis Díez,
....

MONTERREY 2000 Ayer y Hoy.
Carlos González Rodríguez (3 Tomos)
Editorial Los Nogales. 2000.
.....

CRONICAS DE AMERICA
LA CONQUISTA DE MEXICO,.
Francisco López de Gómara.
Dastin, S. L. Madrid.
.....

CRONICAS DE AMERICA
HISTORIA DE NUEVO MEXICO
Gaspar de Villagrá
Dastin, S. L. Madrid.
.....

CRONICAS DE AMERICA
LA CONQUISTA DE TENOCHTITLAN
J. Díaz, **A. de Tapia**, B. Vázquez, F. de Aguilar
DASTIN, S. L. Madrid
.....

LA VIDA DE FERNANDO E ISABEL
Eugenio d'Ors
Editorial Juventud, S.A. Barcelona. 1982
FERNANDO EL CATOLICO
Ernest Belenguer.
Ediciones Península, SA Barcelona.. 1999.
...

BREVE HISTORIA DE NUEVO LEON
Israel Cavazos Garza.
El Colegio de México/Fondo de Cultura Económica. 1994.
.....

LA PASION ULTIMA DE CARLOS V
María Teresa Alvarez.
Ediciones Martínez Roca, SA Barcelona. 2001.
.....

FELIPE V
Pedro Voltes Bou
ESPASA-CALPE. Madrid. 1991.
.....

La VIDA y la EPOCA de FELIPE V
José Antonio Vidal Sales.
Editorial Planeta. Bacelona. 1997.
.....

FRAY SERVANDO: VIDA Y OBRA.
Rodolfo de León Garza.
Fondo Editorial Nuevo León. Monterrey. 1993.
.....

TIERRAS DE CORONADO.
Juan Carlos García Regalado.
Ediciones Abraxas. Barcelona. 2001.
.....

EL REINO EN CELO.
Mario Anteo.
Ediciones Castillo. Monterrey. 1996.
.....

AY, FELIPE V, ¡COMO ME TRAES!
Cabohe.
Editorial Duparc. Monterrey. 1990.
....

PASAJEROS DE INDIAS
José Luis Martínez.
Alianza Editorial. Madrid. 1984.
.....
HISTORIA DEL NUEVO REINO DE LEON 1577-1723
Eugenio del Hoyo
FONDO EDITORIAL NUEVO LEON / ITESM 2005
......
HISTORIA DE NUEVO LEON
CON NOTICIAS SOBRE COAHUILA, TAMAULIPAS, TEXAS Y NUEVO MEXICO.
Alonso de León / Juan Bautista Chapa / Fernando Sánchez de Zamora
FONDO EDITORIAL NUEVO LEON / ITESM 2005.
......
Los documentos citados del
ARCHIVO GENERAL DE LA NACION
y del ARCHIVO GENERAL DE INDIAS
además de diversas páginas de Internet visitadas.